重建的平城京大極殿：2010年為紀念平城京建立一千三百周年而重建。當時的大和朝廷面對東北亞的局勢變化，在這裡擬定了許多外交、軍事措施。也是自這個時期開始，與隋唐帝國的外交轉為平等關係。（參考第一部第一章6問）

平安神宮：明治天皇下令遷居東京之後，於明治二十八年（1895年）建立平安神宮，紀念桓武天皇建都的歷史，也為被「捨棄」的京都人提供一個回望「王都」輝煌過去的紀念之地。（參考第二部第四章1問）

明治天皇陵：別名「伏見桃山陵」，明治天皇生前遺言死後歸葬京都，回到他的成長之地，可見他心中對京都的眷戀，不曾受明治維新的大業影響。（參考第一部第三章6問）

京都御所紫宸殿：位於京都御所中心區域的「紫宸殿」，是平安時代天皇接見朝臣、垂簾聽政的地方。這裡與「清涼殿」是天皇在皇宮裡兩個重要的活動場所，後者是與天皇日常生活的寢宮。（參考第二部第四章2問）

仙洞御所：現在的仙洞御所成立於江户時代初期，借用道教思想，取其義爲「仙人隱居之地」，是天皇成爲太上天皇後的居所。但平成天皇退位後將不會回到京都，而是留在東京，與新天皇交換居所。換言之，平成上皇的「仙洞御所」便是原本皇太子兼新天皇德仁的舊居「赤坂御所」。（參考第二部第四章6問）

橿原神宮：幕末時代，幕府與朝廷為了振奮人心，高舉「天皇神聖，以抗外敵」的旗幟，在現在的橿原市找到一個山丘，做為第一代神武天皇的皇陵，即現在的橿原神宮，這裡在明治時代至二戰前，一直被視為聖地。（參考第二部第二章5問）

御寺泉涌寺
泉涌寺
舎利殿
特別公開
泉涌寺
大門

泉涌寺：中世以來天皇的「家廟」，又俗稱「御寺」。鎌倉時代獲得後鳥羽天皇尊崇，後堀河天皇又將泉涌寺定爲皇家祈願寺。這裡在南北朝時代以後至明治維新爲止，一直是天皇與皇室的佛式葬禮舉行之地，代表了天皇與佛教之間的關係。（參考第二部第四章4問）

東京皇宮：明治天皇與皇后在西鄉隆盛等維新派功臣的要求下，遷居到東京皇宮，與京都御所永久分離。存續千年的禁宮文化和宮廷制度通過遷居，得以在皇后主持下進行歷史性的大改革。（參考第二部第六章4問）

京都御所：這裡是遊客到京都必訪的名勝。現時的京都御所是十四世紀時，由室町幕府爲天皇改建而成，此後大抵沒有大異動。明治天皇遷居東京後，京都市民積極向國家申請保留御所，做爲懷緬昔日王都的聖地之一。（參考第二部第四章3問）

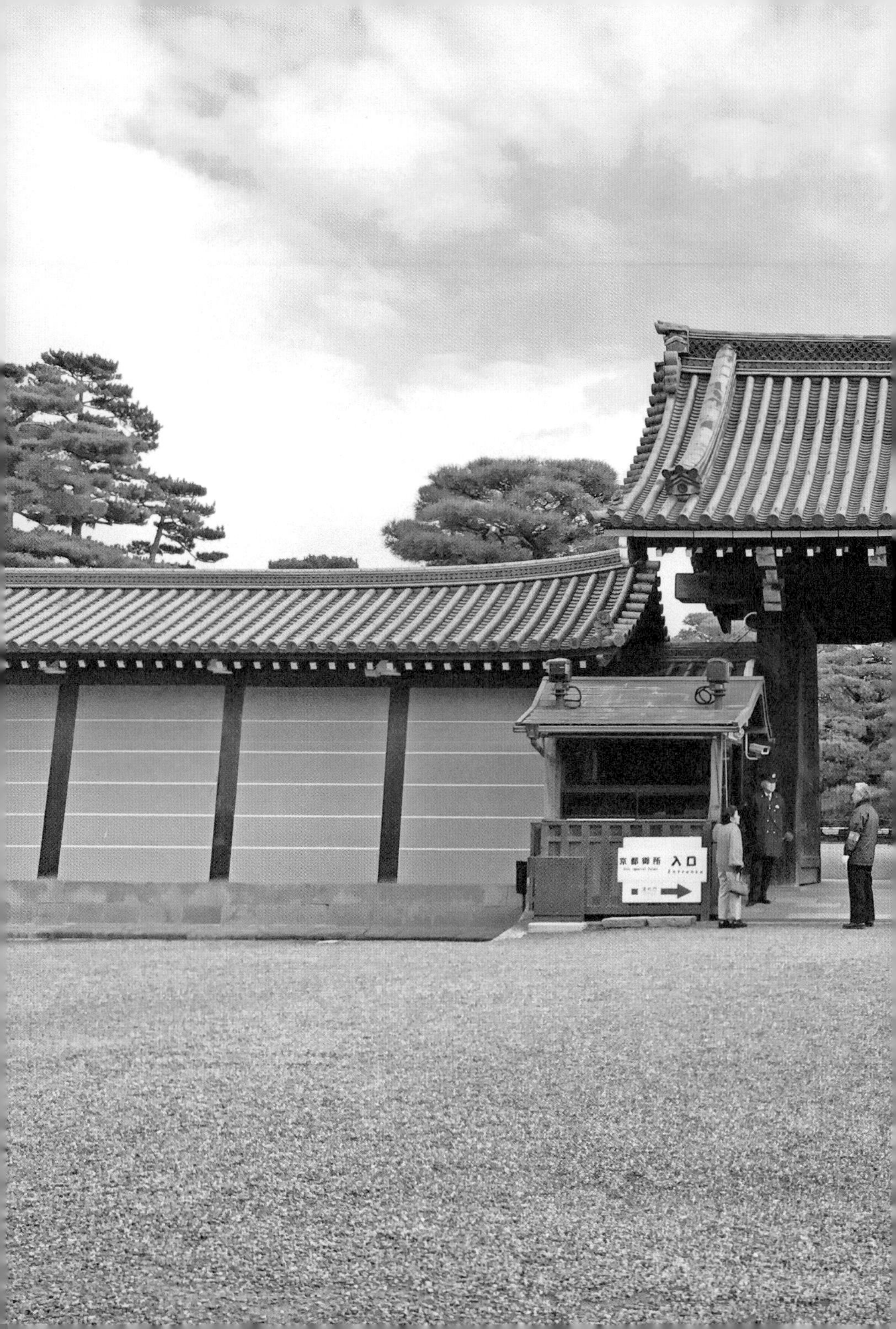
京都御所
入口
Entrance

袞衣：幕末時代孝明天皇（明治天皇之父）於即位時穿的袞衣。袞衣是古代日本天皇模仿中國皇帝的官服「冕衣」改製而成。背後的北斗七星取意自中國道教思想，象徵帝皇；瑞獸（龍、鳳凰、麒麟）和日月，則顯示天皇的神聖。（參考第二部第一章4問）

天皇的歷史之謎

解開天皇祕密的70個問題

第一部

日本國立一橋大學博士
胡煒權 著

【推薦序】

華人視角的天皇史專著

胡川安
國立中央大學中國文學系助理教授、
「故事：寫給所有人的歷史」網站主編

東亞國家中的中國、韓國、日本和越南，都曾經出現皇帝制度，延續了數百年至數千年時間，可以說是共通制度和文化現象。然而，起源於中國的皇帝制度，卻產生不同的「地方化」。

日本目前仍然維持皇帝制度，但弔詭的是，它卻是東亞第一個走向現代化的國家。歷經明治維新和第二次世界大戰等巨大變局，今年是天皇制中重要的一年。原本應終身在職的天皇因為身體因素，決定在生前退位，讓位給皇儲。

如此重大的時刻，全世界都在關注。而台灣、中國與日本一衣帶水，三者關係相當緊密，不僅在文化上相互影響，歷史上也有千絲萬縷的關係。可惜的是，我們缺乏對日本歷史與文化的深刻認識，缺乏從自己視角出發的日本觀點。

日本人讀日本史並理解自身文化，此乃理所當然，那是他們生活的一部分。但是華人為什麼要理解日本史呢？因為既然有無法切斷的關係，如果沒有深刻的認識，則容易產生誤解。胡煒權博士非常適合在華人與日本人間，做為溝通的橋樑。他出身香港，對於日文的掌握相當深刻，並且考取獎學金，前往日本攻讀學位，於今年取得一橋大學的博士，並在日本學界發表多篇學術論文，如此成就，在華人中相當少見。

由於我經營「故事：寫給所有人的歷史」網站，長期致力於推廣歷史知識，希望將歷史從學院中帶到人群裡，分享學術研究成果，我期許艱澀的歷史，可以成為眾人瀏覽和傳閱的文章。而胡煒權博士非常擅長書寫普及性的讀物，他在「故事」網站上的文章相當受歡迎，有固定的粉絲追蹤。

胡煒權博士系統性的書寫與整理日本歷史，第一本書《明智光秀與本能寺之變》嘗試解開戰國史上難解的公案。第二部書企圖心相當大，以一人之力完成《日本戰國・織豐時代史》，煌煌三大冊的鉅著，如此卷帙浩繁的通史一般都是學術有成的學者才敢動筆，但他年紀輕輕，卻展現深厚的功底。

這部讀者眼前的《解開天皇祕密的70個問題》則是另外一部重要作品，將華人對於日本天皇感興趣之處，以問答方式以及深入淺出的筆法來說解。這部書也是套關謠解密之書，澄清一些沒有根據的傳說，將信史帶給華人讀者。

日本人是徐福帶過去的童男童女的後代？日本天皇是「萬世一系」？神

祕的日本女天皇怎麼出現的？還有中國史上的「倭國」究竟在哪裡？時至中世，雖然每個人都能說上一兩個戰國武將的故事，但那些雄才大略的武將們與天皇的關係如何？天皇在亂世中如何維持自身的尊嚴？到了江戶時代，德川將軍與天皇的關係如何？為什麼江戶時代又出現女天皇呢？每個問題都是我想問而還沒得到解答的，這部書提供給讀者一把鑰匙，打開日本天皇史的大門，也認識日本文化。

當今的天皇制度，除了受到明治維新的影響，也受到第二次世界大戰後美軍占領日本的影響。即使日本人宣稱天皇是長久以來的傳統，但內容已經變動不少。近代日本歷史上最重要的問題，莫過於明治天皇與維新間的關係，或是昭和天皇的戰爭責任，以上在本書都有相當深入的探討。

天皇是種制度，但別忘了天皇也是個人。天皇吃什麼？他信仰什麼宗教？養成過程？生活在皇宮中的生活，是不是像王子公主一般？天皇養尊處優，需要擔心金錢來源嗎？由於現在的媒體發達，大家對於皇室生活也很有興趣，加上近來天皇娶平民為后，麻雀變鳳凰就是幸福嗎？這部書的第二部將天皇的大小事攤開在讀者面前，了解當個天皇真是不容易！

在天皇更替之際，我們等到了一本由華人所寫的天皇史專著，讓台灣讀者可以一窺日本皇室神祕的內幕，並且由此理解這個又熟悉又陌生的國家。

【序言】

一部為華人讀者而寫的天皇解說書

二〇一九年四月三十日與五月一日，注定成為日本現代史裡重要的兩個日子。

為什麼呢？這不僅是因為在位三十一年的平成天皇打破近代天皇制的「終身在位」原則，成為明治維新以來首位生前退位的天皇，寫下歷史新頁。同時，新天皇德仁即位後，潛藏已久的天皇制存續問題逐漸浮上水面，引領日本國內外思考：我們有生之年能否看到自誇「萬世一系」的天皇制走向終結？

但我認為，在這個關鍵時刻，與其預測未來，不如趁此機會回首過往，通過堪稱日本的代表元素——天皇與天皇制，重新認識日本。這便是本書的寫作動機。

一、為什麼要談天皇？

日本的國王號稱「天皇」，以其為核心，從神話時代延續至今的君主制度，據傳超過一千年，堪稱世上最長久的君主制度。對於我們華人來說，天皇與天皇制都是難以一言概之的存在和概念。客觀來說，在歷史、文化與宗教各方面，日本與中華文化的關係有千絲萬縷，而諸多交流與「天皇」都有著緊密關係。

我們應該如何理解天皇這個存在呢？我認為首先必須摒棄以往深入人心的價值觀，即「君王＝絕對權力者」的偏見。當我們談到天皇時，往往只有兩個極端又互相排斥的印象：一個是「沒有權力的傀儡」，一個是「受日本人崇拜的存在」。如此矛盾的印象在我們華人的思想裡，使我們無所適從。

這樣的矛盾，究其原因，是我們不自覺受制於中國封建時代，印象中的歷代皇帝必然高高在上，是「君要臣死，臣不能不死」的絕對獨裁者。所以當我們聽聞天皇喪失統治實權已久，被貴族與武士擺弄、扶養，我們便認定天皇是一個沒有實力的君主，從而思考「為什麼這樣的君主沒有被廢」。

換言之，我們心底認定的君主，必須是萬人之上、無人不從的存在，否則棄之不可惜，沒有存續的必要。受這種思想綑綁，「沒有權力的傀儡」成為我們對現今天皇的根本定調之一。

另一方面，我們也受到近現代日本史影響，尤其是明治維新以來至第二次世界大戰，被軍國主義擺布的日本，高舉天皇的神聖旗號，以「大東亞共榮」為名義，發動了大規模的侵略戰爭。這個黑暗歷史使身為受害者之一的我們，不禁苦思天皇究竟有何等魔力，讓日本從一個輕視自己國君的國家，變成一個奉他為神明，對他極端崇拜的狂熱軍國。

我們看不透也理解不了，只能含糊且不加思考地想像：當中存在一種不可解的羈絆和紐帶，維繫著日本人與天皇。

然而，我們始終不理解這樣的矛盾是怎麼產生的？為什麼這個國家的君主制與華人一直想定的君主制不同，又怎麼產生這樣的差異？

不理解的原因還牽涉一個重要的意識——我們一直被灌輸一種觀念，認為日本接受中華文明，大量引進中國王朝的知識和思想，並以此強調、規定彼此的關係和己方的優越感。

可是明治維新後，日本反過來對清帝國、後來的中華民國、中華人民共和國，進行各種各樣的反輸出，華人的「世界觀」、「日本觀」從此天翻地覆，陷入混亂的狀態，到現在似乎也沒能從當中走出來。「大中華主義」的歷史教育和史觀，又或者與之相反的「崇日、親日、媚日」觀都深深地限制了華人去了解日本（以至其他國家）更深層的一面，本書的主題天皇與天皇制便是一例。

這種可謂以自我為中心的觀念，無助於相互了解，在現今全球化的時代，也早已是過時的思想。歷史說明了國與國的交流、不只是有「誰影響誰」、「誰給予了誰什麼」的構圖，互動關係也十分重要，不應該只在乎誰是主導，誰站在較高的位置。

總而言之，我們要研究、了解周邊國家與我們的交流史和關係史時，必須摒棄先入為主的觀念和獨善的民族主義，以客觀持平、無預設立場的前提，重新構建新型的史觀和思考。

說了這麼多，相信會有讀者質疑：「日本難道沒有學習、導入中國古代文化，然後活用？」「歷代天皇不也大量引進中國制度，以便統治嗎？」為了證明事情沒有那麼簡單，同時為大家在進入本書核心前熱身，先以一例來引導大家思考。

二、中國的真龍天子，日本的鳳中天皇

古代中國以至現在，「龍」既是神獸也是王權、帝王的象徵。因此，我們經常在劇集、圖騰、畫作，以至皇帝身穿的「龍袍」上，看到皇帝與龍紋緊扣在一起，並認為中國人是龍的傳人云云。

這個文化和意識形態也影響周邊的越南王國和朝鮮王國，以及曾經統治中國的外族王朝。那麼，身懸孤海的日本又怎樣呢？

十分有趣的是，雖然日本與古代中國（漢、南朝、隋、唐）進行交流後，理所當然引進了包括「龍」思想文化在內的各種元素，但單以天皇為例，「龍＝天皇」的思想並沒有完全紮根，而且很快便被中和了。

日本人確實曾以龍來比喻天皇，自平安時代以來至幕末為止，歷代天皇在即位儀式當日穿著的「袞衣」（Kone），雙袖上便各繡有一條龍。即使明治維新後，仍然看到日本人將龍與天皇連結在一起。但除此以外，天皇與龍之間便幾乎沒有關係，天皇也不像中國皇帝、朝鮮、越南國王那樣，身穿龍袍，天皇家的紋章上也絕少看到龍的身影。天皇與龍之間的「友誼」，可算是點頭之交，聊勝於無。

究其原因，日本當初導入龍的文化，不只進入政治思想，佛教思想裡也有龍文化。如果你熟識日本神話和以此為題材的古代繪畫，或許曾留意，日本文化更傾向將龍定為水神和蛇神的變型。前者受佛教故事影響，後者則受到日本神話故事的薰陶和啟發。

著名的八岐大蛇的故事深植日本人心，各地的蛇神文化是了解日本民俗和宗教的重要因素。而受到這兩個傳統因素影響，「日本的龍」大概分為

「佛教的龍」、「中國的龍」和「日本的龍」三種。「日本的龍」就是本土文化中的龍頭蛇身，具有日本特色的產物。日本人對龍並不陌生，但卻因為龍文化的多元發展，沒有完全將中國的龍思想文化與天皇合體。

既然如此，象徵日本天皇的神獸又是什麼呢？答案是鳳凰。雖然鳳凰與龍、麒麟、龜一樣都是神獸，但為什麼日本天皇更愛鳳凰呢？簡單來說，一方面也是受到本土神話的影響，傳說中神鳥「八咫烏」（或稱「三足烏」，日本足球國家隊的標誌便是三足烏）是神的使者，引領第一代天皇神武天皇東征。

公元八世紀前後，日本從中國引進道教思想，便將裡面的鳳凰與「八咫烏」聯想起來，開始對鳳凰情有獨鍾。十世紀左右，天皇和朝廷開始將象徵永生不息的鳳凰（或稱「鸞」、「朱雀」），以及象徵吉祥、長久的植物桐、竹視為代表天皇的靈物，合稱為「桐竹鳳凰」，成為天皇家的代表圖騰，繡在禮服上。

在特定場合，鳳凰實際地代表天皇，例如，天皇即位時身穿袞衣坐在「高御座」，其頂上便有一隻金鳳凰和八隻小鳳凰裝飾；中世紀以後，天皇所坐的轎子也稱為「鳳輦」，可見天皇與鳳凰的關係一度十分密切，完全凌駕僅為形式上象徵的龍。

雖然在中世紀以後，天皇權力與權威減弱，鳳凰的使用禁忌也相對地緩和，後來為人熟悉的菊紋和桐紋慢慢凌駕了鳳凰，成為天皇的代表象徵。但王家以外的權力者使用鳳凰為圖案的頻率仍然較低；而龍的壁畫、美術品則在佛教建築、神話故事的繪卷中時有出現，但與天皇的關係仍然不甚密切。

到了明治大正時代吹起復古熱潮後，鳳凰再次被皇室重視，天皇專用的火車上、即位周年發行的紀念金銀幣，必定有鳳凰標識，而沒有龍。

在現代日本，受到戰後憲法裡限制天皇大權的影響，鳳凰出場的機會十分少，但仍然與古代一樣，是象徵天皇的一種瑞獸，可以說「有天皇，便有鳳凰」。

以上可見，日本人選擇鳳凰為王家代表，很大程度上是基於呼應傳統、神話的結果，也有意見認為，這是為了強調天皇與中國的真龍天子（皇帝）平起平坐。

三、本書的目標與寄望

我相信單從上述龍與鳳凰的例子，各位讀者已然理解日本吸收中國的元素後，並非就此「山寨」倒模，而是按照自己的需要而改造變形，實行「本土化」。而在這個過程中，隨著時代改變，天皇由引進外來文化的主體演變成守護自國文化的主體，以及體現這個文化的代表，成為日本歷史、文化、民俗等各方面的必須「零件」。

我們有必要拋開執著於中國封建制度的比較態度，重新以相對持平的角度去認識天皇和天皇制。

我在執筆前其實認為，目前中文書籍已有大量原創和翻譯的天皇通史書，實在沒有必要再添一部。然而，綜觀這些作品，不是政治通史，便是以明治維新以後的斷代史為主，而且大多都站在華人的立場和價值觀，去探討天皇與天皇制。但這種沒有拋開民族、國境的預設立場是不可取的。

因此，本書不是一本天皇歷史的通史書籍，也不是一本站在華人的觀點，或套用「華人標準」去描述日本天皇的書籍。反之，本書透過多角度，嘗試持平地對天皇、天皇制及其周邊相關，一併向讀者介紹。通過兩部共十章，以最基本、最簡單的語句，配合最新研究成果，為不同程度的讀者提供啟機，去重新思考對天皇的理解，是否有改變的空間。正因為如此，我不打算為閱讀本書的讀者提供一個「筆者的天皇觀」，因為我更希望藉此予讀者一起思考這個問題。

我相信不論是親日、崇日，還是出於知己知彼想窺探日本文化，又或者只是純粹對天皇感到好奇的讀者，都能夠從本書獲得新的線索和新的疑問，從而再思考。我們就開始於其中探索吧！

天皇系圖

說明範例：
天皇名：神武天皇
天皇代數：1
天皇在位期間：前六六〇年～前五八五年
婚嫁關係：〓

神武天皇 1 前六六〇年～前五八五年
綏靖天皇 2 前五八一年～前五四九年
安寧天皇 3 前五四九年～前五一一年
懿德天皇 4 前五一〇年～前四七七年
孝昭天皇 5 前四七五年～前三九三年
孝安天皇 6 前三九二年～前二九一年
孝靈天皇 7 前二九〇年～前二一五年
孝元天皇 8 前二一四年～前一五八年
開化天皇 9 前一五八年～前九八年
崇神天皇 10 前九十七年～前三十年
垂仁天皇 11 前二十九年～西元七〇年
景行天皇 12 七一年～一三〇年
日本武尊
成務天皇 13 一三一年～一九〇年
仲哀天皇 14 一九二年～二〇〇年
應神天皇 15 二七〇年～三一十年

仁德天皇 16
三一三年~三九九年

履中天皇 17
四〇〇年~四〇五年

反正天皇 18
四〇六年~四一〇年

允恭天皇 19
四一二年~四五三年

磐坂市邊押磐皇子

安康天皇 20
四五三年~四五六年

雄略天皇 21
四五六年~四七九年

仁賢天皇 24
四八八年~四九八年

顯宗天皇 23
四八五年~四八七年

清寧天皇 22
四八〇年~四八四年

武烈天皇 25
四九八年~五〇六年

稚野毛二派皇子 — 意富富杼王 — 乎非王 — 彥主人王 — 繼體天皇 26
五〇七年~五三一年

安閑天皇 27
五三一年~五三五年

宣化天皇 28
五三五年~五三九年

欽明天皇 29
五三九年~五七一年

敏達天皇 30
五七二~五八五年

用明天皇 31
五八五年~五八七年

推古天皇 33
五九二年~六二八年

崇峻天皇 32
五八七年~五九二年

押坂彥人大兄皇子

舒明天皇 34
六二九年~六四一年

茅渟王

皇極天皇 35
六四二~六四五年

齊明天皇 37
六五五年~六六一年

孝德天皇 36
六四五年~六五四年

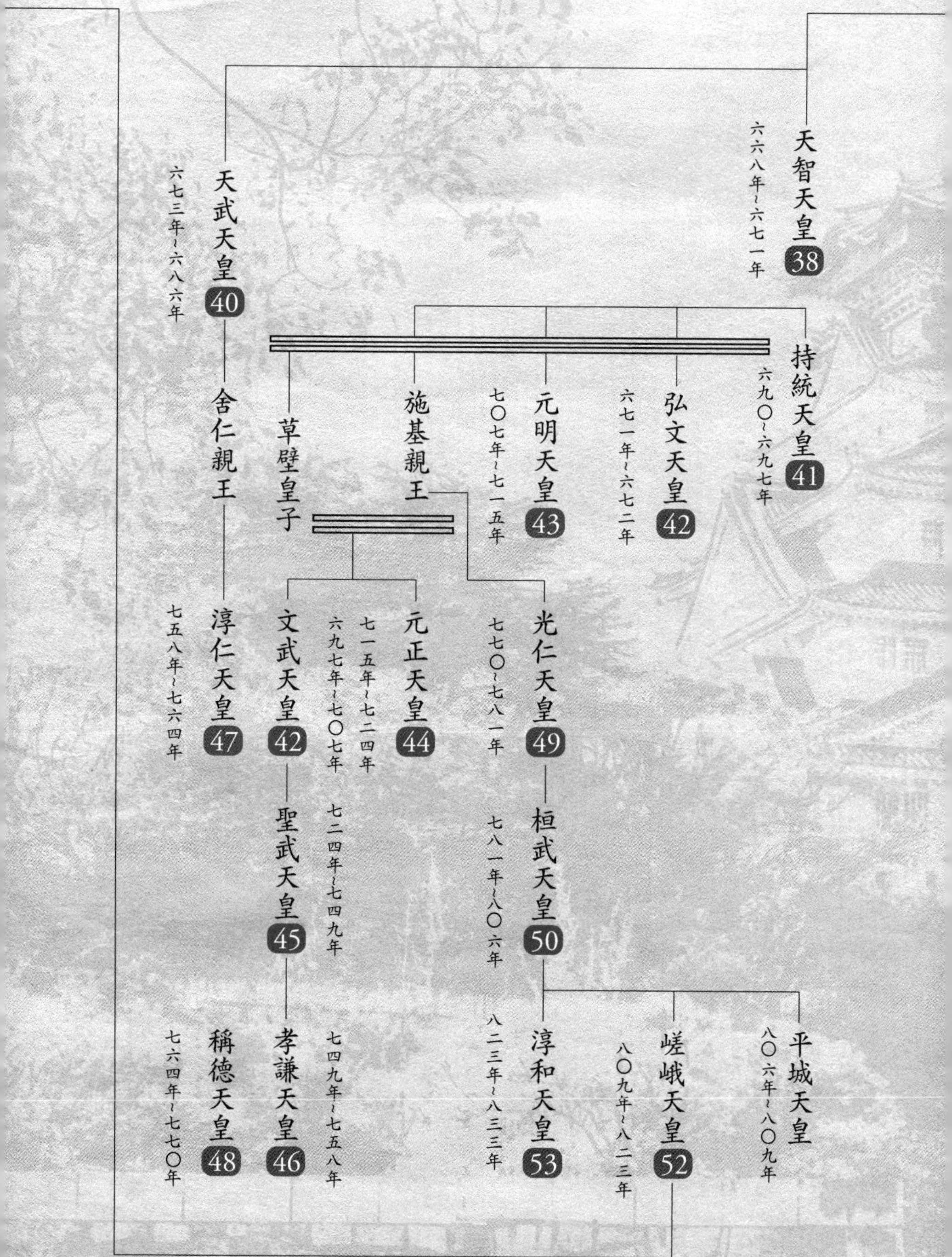

天智天皇 38
六六八年～六七一年
天武天皇 40
六七三年～六八六年
持統天皇 41
六九〇～六九七年
弘文天皇 42
六七一年～六七二年
元明天皇 43
七〇七年～七一五年
施基親王
草壁皇子
舍仁親王
光仁天皇 49
七七〇～七八一年
元正天皇 44
七一五年～七二四年
文武天皇 42
六九七年～七〇七年
淳仁天皇 47
七五八年～七六四年
桓武天皇 50
七八一年～八〇六年
聖武天皇 45
七二四年～七四九年
平城天皇
八〇六年～八〇九年
嵯峨天皇 52
八〇九年～八二三年
淳和天皇 53
八二三年～八三三年
孝謙天皇 46
七四九年～七五八年
稱德天皇 48
七六四年～七七〇年

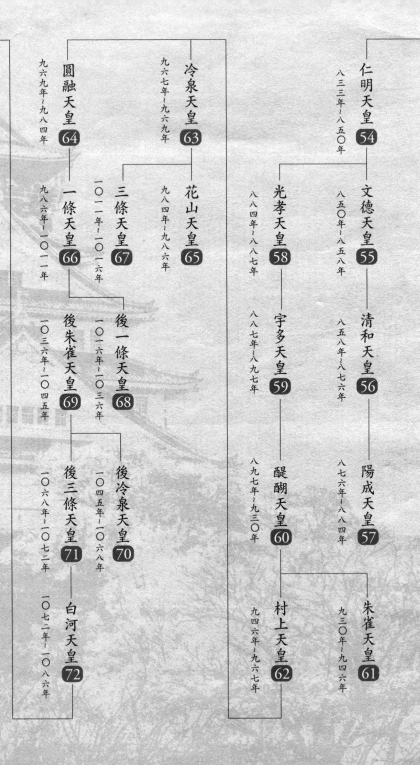

仁明天皇 54
八三三年～八五〇年

文德天皇 55
八五〇年～八五八年

清和天皇 56
八五八年～八七六年

陽成天皇 57
八七六年～八八四年

朱雀天皇 61
九三〇年～九四六年

光孝天皇 58
八八四年～八八七年

宇多天皇 59
八八七年～八九七年

醍醐天皇 60
八九七年～九三〇年

村上天皇 62
九四六年～九六七年

冷泉天皇 63
九六七年～九六九年

花山天皇 65
九八四年～九八六年

三條天皇 67
一〇一一年～一〇一六年

後一條天皇 68
一〇一六年～一〇三六年

後冷泉天皇 70
一〇四五年～一〇六八年

圓融天皇 64
九六九年～九八四年

一條天皇 66
九八六年～一〇一一年

後朱雀天皇 69
一〇三六年～一〇四五年

後三條天皇 71
一〇六八年～一〇七二年

白河天皇 72
一〇七二年～一〇八六年

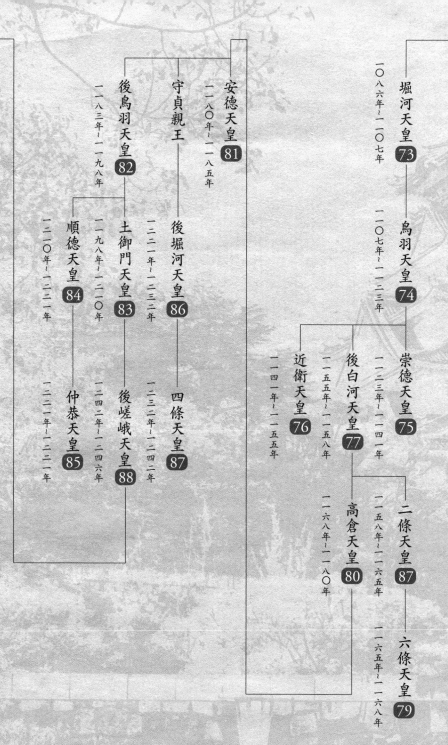

堀河天皇 73　一〇八六年～一一〇七年

鳥羽天皇 74　一一〇七年～一一二三年

崇德天皇 75　一一二三年～一一四一年

後白河天皇 77　一一五五年～一一五八年

近衛天皇 76　一一四一年～一一五五年

二條天皇 87　一一五八年～一一六五年

高倉天皇 80　一一六八年～一一八〇年

六條天皇 79　一一六五年～一一六八年

安德天皇 81　一一八〇年～一一八五年

守貞親王

後鳥羽天皇 82　一一八三年～一一九八年

後堀河天皇 86　一二二一年～一二三二年

土御門天皇 83　一一九八年～一二一〇年

順德天皇 84　一二一〇年～一二二一年

四條天皇 87　一二三二年～一二四二年

後嵯峨天皇 88　一二四二年～一二四六年

仲恭天皇 85　一二二一年～一二二一年

後深草天皇 89　一二四六年~一二五九年
伏見天皇 92　一二八七年~一二九八年
後伏見天皇 93　一二九八年~一三〇一年
光嚴天皇 1北　一三三一年~一三三三年
崇光天皇 3北　一三四八年~一三五一年

花園天皇 95　一三〇八年~一三一八年
光明天皇 2北　一三三六年~一三四八年
後光嚴天皇 2北　一三五二年~一三七一年

龜山天皇 90　一二五九年~一二七四年
後宇多天皇 91　一二七四年~一二八七年
後二條天皇 94　一三〇一年~一三〇八年

後醍醐天皇 90　一三一八年~一三三九年
後村上天皇 97　一三三九年~一三六八年
長慶天皇 98　一三六八年~一三八三年
後龜山天皇 99　一三八三年~一三九二年

後圓融天皇 5北　一三七一年~一三八二年
後小松天皇 100　一三八二年~一四一二年
稱光天皇 101　一四一二年~一四二八年

榮仁親王
貞成親王
後花園天皇 102　一四二八年~一四六四年
後土御門天皇 103　一四六四年~一五〇〇年

後柏原天皇 104　一五〇〇年~一五二六年
後奈良天皇 105　一五二六年~一五五七年
正親町天皇 106　一五五七年~一五八六年
誠仁親王
後陽成天皇 107　一五八六年~一六一一年

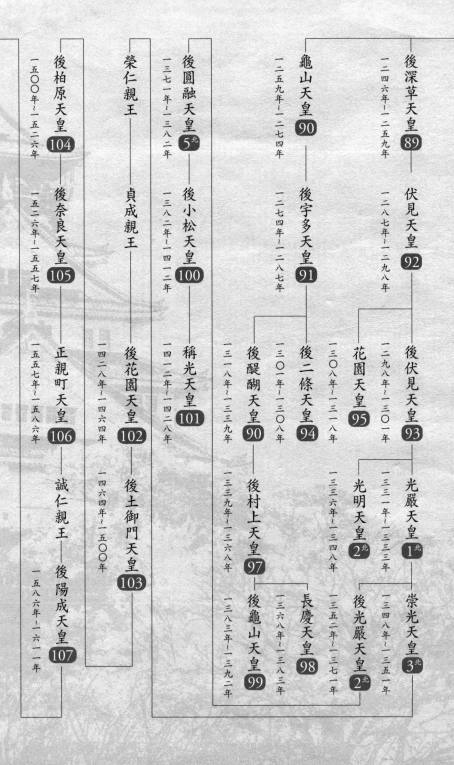

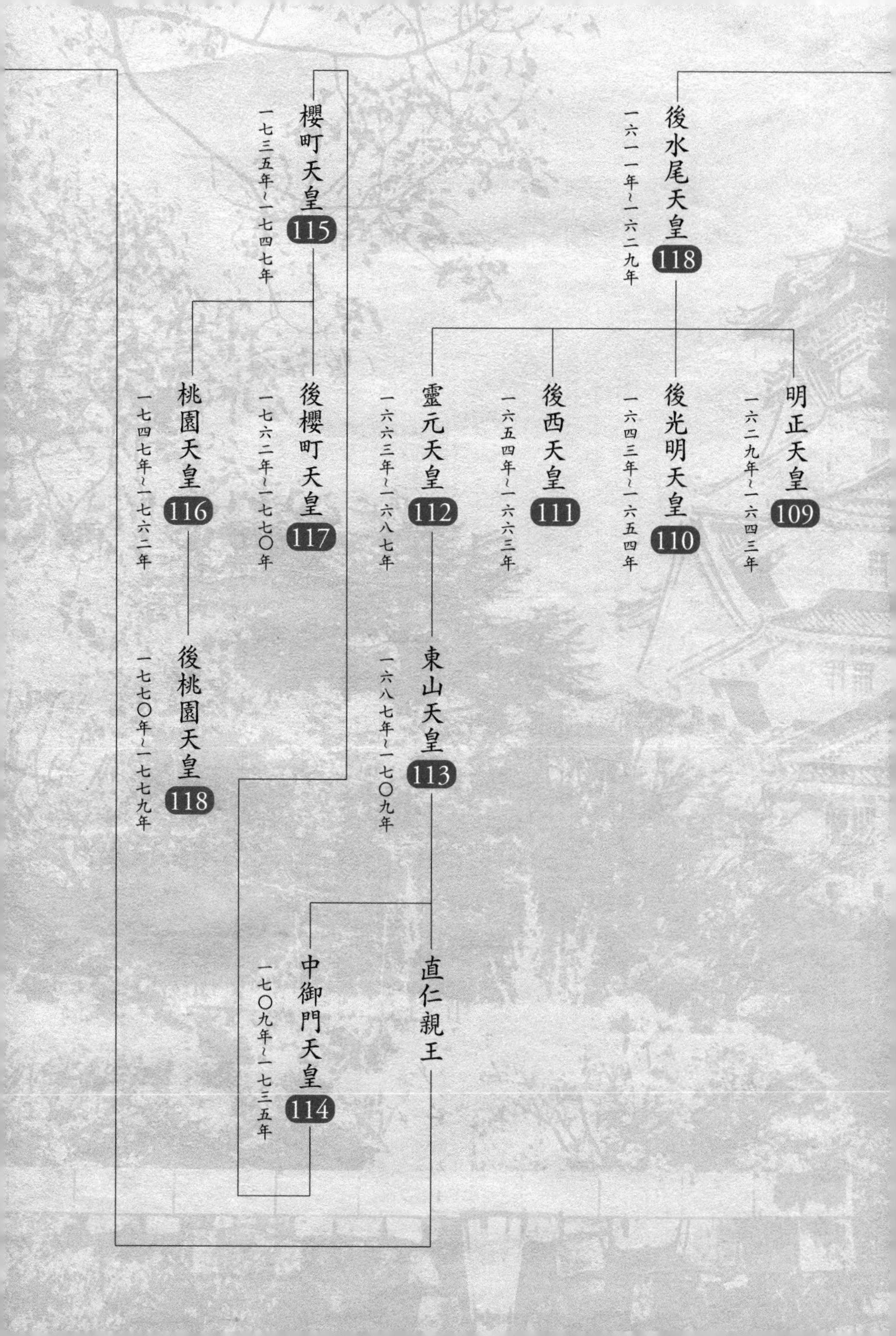
後水尾天皇
118
一六一一年～一六二九年
明正天皇
109
一六二九年～一六四三年
後光明天皇
110
一六四三年～一六五四年
後西天皇
111
一六五四年～一六六三年
靈元天皇
112
一六六三年～一六八七年
東山天皇
113
一六八七年～一七〇九年
直仁親王
中御門天皇
114
一七〇九年～一七三五年
櫻町天皇
115
一七三五年～一七四七年
後櫻町天皇
117
一七六二年～一七七〇年
桃園天皇
116
一七四七年～一七六二年
後桃園天皇
118
一七七〇年～一七七九年

典仁親王

光格天皇 119
一七七九年～一八一七年

仁孝天皇 120
一八一七年～一八四六年

孝明天皇 121
一八四六年～一八六六年

明治天皇 122
一八六七年～一九一二年

大正天皇 123
一九一二年～一九二六年

昭和天皇 124
一九二六年～一九八九年

平成天皇 125
一九八九年～二〇一九年

現天皇 126
二〇一九年～

目錄

第一章 概說天皇的歷史（古代篇）

第二章 概說天皇的歷史（中世篇）

第三章 概說天皇的歷史（近世近代篇）

第四章 概說天皇的歷史（現代篇）

第一章

概說天皇的歷史

（古代篇）

1 傳說神武天皇就是徐福？

(1) 徐福東渡到達日本

不少人曾經聽過「徐福東渡」的傳說，更曾有學者撰寫書籍、論文，論證徐福最終到達的就是日本，而且成為日本的初代天皇「神武天皇」，開創了日本建國的神話。情況究竟是怎樣呢？

眾所周知，秦朝徐福東渡的故事來自於司馬遷《史記》卷六〈秦本紀〉。齊地出身的方士徐福（一作「徐市」）上書跟秦始皇說海中有「蓬萊、方丈、瀛」三座神山，他想「入海求神藥」，並且請求皇帝提供數千名童男童女，一起出海求仙。類似的故事也能在記載不少神話故事的名著《淮南子》看到，裡面提到徐福初次出海，無功而返，回到秦始皇面前時表示，海神要求他帶男女百工同行，即可得神藥。結果秦始皇答應徐福的要求，然而，一行人出發後到達一個「平原廣澤」之地，便就地稱王，一去不復返（「止王不來」）。

相信大家對以上來自《史記》、《淮南子》的故事都略有所聞。這個故事其實在漢朝以後還繼續傳承，例如班固的《漢書》、晉朝陳壽的《三國志．吳志》都曾提到，在這裡先不詳細考究。我想說的是，徐福到達的「平原廣澤」之地，怎麼會與日本、神武天皇，扯上關係？

(2) 日本當地的徐福傳說

既然有說法指徐福東渡求藥的目的地就是日本，他還成為了神武天皇，那麼日本人是否知道這段歷史呢？當然知道的。日本留有接近四十個與徐福有關的史跡，如祭祀徐福的「徐福廟」、「徐福大權現」、「徐福祀」等，主要集中在九州島西、北部，但最遠的到達了本州島北端的青森縣。如此看來，徐福傳說依然流傳在現今的日本。只是去考究這些遺址，不少都在江戶時代才建好，而最早提到有關徐福的日本史料記載，出現在公元八世紀左右，上流貴族（知識層）也差不多這時候才見到徐福東渡或來日本的紀聞。

日本在公元七世紀開始與隋、唐帝國建立頻繁的互動關係，因此，結合上述的文獻史料，我們可以想像，當時的日本人得知徐福東渡的情報來自曾到隋、唐帝國留學的留學生、僧侶，然後流傳下來。

另外值得留意的是，我們在日本的史料中可以發現，中世紀至江戶時代的部分日本人的確聽過徐福東渡的故事，但他們從沒將徐福視為神武天皇。他們重視的是徐福去仙山求得神藥，將仙山（蓬萊、方丈、瀛）比擬成日本。換言之，日本的知識分子其實希望藉著徐福傳說，強化日本是神仙所在的神國，根本沒承認開國之祖是一位中國方士。

(3) 日本、中國、台灣的論述

簡單說明神武天皇的神話故事。神武天皇是天照大神的五代孫，他的曾祖父，即天照大神的孫兒瓊瓊杵尊受命下凡來到九州日向國，即現在的宮崎縣，管治日本。神武天皇繼承王位後，在四十五歲時帶領族人東征，最後輾轉來到大和國畝向（現在的奈良縣），成為日本的開國天皇。按照神話，他在七年後病逝，享年一百二十七歲。

顯然，神武天皇的故事存於傳說的雲霧中，無法完全否定和也無法證實。無論如何，自八世紀以來，日本人都相信神武天皇是天照大神的子孫，絕非外國的凡人。所以，日本人從一開始就將「東渡求藥」與「止王不來」

分開，選取有利的方式詮釋。

既然如此，「徐福是神武天皇」的傳說又是怎麼出現的呢？這個說法主要來自第二次世界大戰後的中國、台灣學者，從五〇年代以來的論考。他們依照保留在日本的徐福傳說遺跡來推斷，然後套用日本的開國神話書《古事記》。這種說法曾在兩地廣為流傳。

日本國內則一直以此為奇說、邪說。不過，隨著考古研究逐漸累積的成果，日本的學界基本上承認日本列島在古代曾多次接收來自中國、朝鮮半島的文明、技術和移民。但關於徐福是天皇之說，日本人當然只視為「呵呵之談」罷了。

	縣名	所在地	史跡・遺物名
1	佐賀縣	武雄市	蓬萊山
2		佐賀市金立	金立神社
3		諸富町	徐福登陸地
4		富士町	溫泉
5		山內町	黑髮山
6		白石町	徐福登陸地
7		伊萬里市	徐福登陸地
8	福岡縣	八女市山內	童男山古墳
9		筑紫野市	天山
10		糸島市	徐福登陸地
11		福岡市名島	名島神社
12	鹿兒島縣	屋久島	徐福登陸地
13		種子島	徐福登陸地
14		坊津町	徐福登陸地
15		串木野市	冠岳
16	宮崎縣	宮崎市	濱木綿
17		延岡市	蓬萊山徐福岩
18	山口縣	上關町祝島	徐福登陸地
19	廣島縣	宮島町嚴島	聖崎蓬萊山
20	高知縣	佐川町	虛空藏山
21	和歌山縣	新宮市	徐福宮
22	三重縣	熊野市	徐福宮
23	愛知縣	名古屋市熱田	熱田神宮
24		小坂井町	菟足神社
25	靜岡縣	清水市三保	三保松原
26	山梨縣	富士吉田市	富士山
27		河口湖町	徐福社
28	東京都	八丈島	編織物
29		青之島	編織物
30	京都府	伊根町	新井崎神社
31	青森縣	小泊村	熊野神社
32	秋田縣	男鹿市	赤神神社

表1-1 日本國內徐福的相關史跡一覽

2 著名的「邪馬台國」與後來的天皇朝廷有什麼關係？

(1)「謎之王國」邪馬台國

說到日本的古代歷史，大家多少受影視作品、遊戲的影響，聽過邪馬台國和它的女王「卑彌呼」（或者「俾彌呼」）。

熟悉陳壽《三國志》的朋友也一定知道邪馬台國和卑彌呼的存在，出自〈魏志·烏丸鮮卑東夷傳〉，以下簡稱為〈倭人傳〉。另外，《漢書》、《後漢書》以及後來南北朝時代的《宋書》、《梁書》，還有《隋書》、《舊、新唐書》，都有關於倭國和日本國的記載。

換言之，關於古代日本的文獻資料，主要來自中國的王朝官史，其次是先後在朝鮮半島出現的百濟、高句麗、新羅的記載，以及日本本土考古出土的文物。有關怎樣解讀《三國志》為首的中國史書，成為還原日本古代史的一大關鍵。正因如此，日本史學界便開始了將近一百年的「邪馬台國論戰」，至今無法休止。

詳細的爭論經過在此姑且不談，總而言之，最大的爭論焦點就是：邪馬台國究竟在哪裡？

目前為止，主流的兩大說法是九州說和畿內說，支持前者的學者推斷邪馬台國是在九州中南部，介乎今天的熊本縣附近，後來遠征本州，成立後來的大和王國，即我們熟悉的「日本國」的雛型。另一方支持畿內說的學者則認為邪馬台國一直在奈良盆地，更與後來的大和王國有深厚關係。

雙方至今仍未握有足以否定對方的重要證據，因此我無意在這裡論斷誰是誰非。

(2) 邪馬台國的紀錄突然中斷

比起上述的位置爭議，我認為更重要的是：邪馬台國、卑彌呼女王，與後來的大和王國有什麼關係？

按照〈倭人傳〉以及學者的分析，邪馬台國與卑彌呼女王出現在公元三世紀，至於上述的大和王國大約出現在公元五世紀左右，換句話說，邪馬台國與大和王國之間，大約有一個世紀的空白期。

〈倭人傳〉裡，邪馬台國只是當時割據日本各地的諸多王國之一，在女王卑彌呼帶領下強盛起來，成為諸部的盟主。然後，邪馬台國通過由魏國控制，位於朝鮮半島的帶方郡（今天的開城——首爾一帶），與曹魏以及後來的西晉建立朝貢關係。但是紀錄只到公元二六六年，即西晉建立後第二年。在這之前，卑彌呼死去，引發重大政治危機，最後由她的「宗女」（同族女子）「臺與」（又作「壹與」）繼承王位。公元二六六年，成為了「倭女王」的臺與，派人到西晉朝貢，以此之後，有關邪馬台國的紀錄便消失無蹤。

學者專家認為，這與不久後西晉受到北方外族侵擾有關，國力衰退後南遷，成立東晉，自此黃河流域城區陷入分裂內亂，波及做為橋樑的朝鮮半島。西晉衰退後，乘勢崛起的高句麗、百濟以及後來的新羅，使朝鮮半島陷入戰亂。這些國外的局勢轉變都被認為是邪馬台國無法與中原地區保持交流的主因。

進入公元四世紀，邪馬台國的情況已無從稽考，但根據考古研究，當時的奈良盆地以及附近的大阪平原，陸續出現大小不一的古墳遺跡群。

目前學者們相信，即使邪馬台國繼續存在，也仍然是諸國之一，盟主地位很可能因為卑彌呼死去而旁落，由其他部落取代。

另一方面，在公元四世紀末期的高句麗「廣開土王碑」上，記載高句麗與南方的百濟，以及背後的「倭國」時有交戰。換句話說，與中原地區交流低迷的公元四世紀末期，日本已形成一個足以率兵越過今日對馬海峽的「倭國」。

(3)從邪馬台國到倭國，轉移的推斷

考慮到目前的考古成果，沒有證據顯示當時有強大的其他文明進入日本列島，而散落在日本西部——奈良盆地至北九州各地的古墳，也沒有出現特大差異。不過，考古學家認為，幾個建於公元四至五世紀，分布在奈良、大阪區域裡的大型古墳遺跡，反映當時在該地區已經逐漸出現強大的權力體。

日本古代史的主流學者們相信，在「後邪馬台國」時代，今天的奈良縣

一帶，數個以上的王國通過通婚結成聯盟。後來，聯盟式統治慢慢發展成由擁有較強統治權的「大王」領導多個相對較弱的部族，即「盟主式」聯邦政體。之後，「盟主式」聯邦再演變成後來與南北朝的劉宋、蕭梁和蕭齊交流的大和王國，也就是出現在上述「廣開土王碑」的「倭國」。

因此，以目前考古挖掘成果以及文獻資料綜合推斷，卑彌呼的邪馬台國與後來形成的大和王國——倭國，並沒有直接關係，以「萬世一系」的天皇為中心的國家，起碼要到公元五世紀末才開始成形。

3 日本有兩個開國天皇？

(1) 闕史八代

按照日本的憲法規定，天皇是「日本的國家與國民統合的象徵」。熟知日本歷史文化的人都知道，日本天皇至今共傳一百二十五代，而今年五月繼位的皇太子德仁將成為第一百二十六任天皇。不過，從很久以前開始，不少外國人以至一部分日本人都質疑：是否真的有一百二十五代天皇存在？

有關天皇誕生的傳說，到近代為止都依據著《古事記》、《日本書紀》這兩部夾雜神話、創作的歷史書（有關這兩部書與天皇的關係，請看第二部第一章3問）。這兩部書成書於公元八世紀左右，都聲稱第一代神武天皇是在公元前六六〇年即位的。這個說法雖然自江戶時代末期以來，已經成為日本人的常識，但到現在，上述的即位年分，以及神武天皇存在與否，均未獲證實。

不僅如此，歷史學家目前也還不能確認古代（公元六世紀以前）的天皇，即第一代神武天皇至第九代開化天皇的存在。第一代的神武天皇做為「開國之祖」，即使沒有史實根據，但有關他的各種神話和傳說數量都遠超他的八代子孫，因此，即使經不起歷史學和考古學的考驗，神武天皇的存在感至今仍然十分強烈。

相比神武天皇，他之後的八代天皇則顯得十分渺小。這八代天皇（綏靖至開化），除了上述《古事記》與《日本書紀》外，便沒有其他史料可徵，因此在歷史學上，這八代天皇被稱為「闕史八代」。「闕史」即欠缺史料證實的意思。所以，在目前的日本歷史教科書裡，幾乎都不稱這九代天皇為「實在人物」，只稱他們為「傳說」中的天皇。

然而，即使難以確認「闕史八代」的存在，日本人普遍難以「捨棄」早已在他們心中根深柢固的神武天皇。在一般認識上，他們仍視神武天皇為「開國天皇」或「初代天皇」。

(2) 崇神天皇之謎

日本第一個被歷史學家，甚至考古學家認可的真正「開國天皇」是誰呢？一些聰明的讀者會想，是否是第十代的崇神天皇呢？很遺憾的，他也不是被史料證實存在的天皇。嚴格來說，第十代崇神天皇至第十四代仲哀天皇，也是沒什麼史料可徵。既然如此，為什麼歷史學家不也把這四位天皇稱為「闕史」的天皇呢？

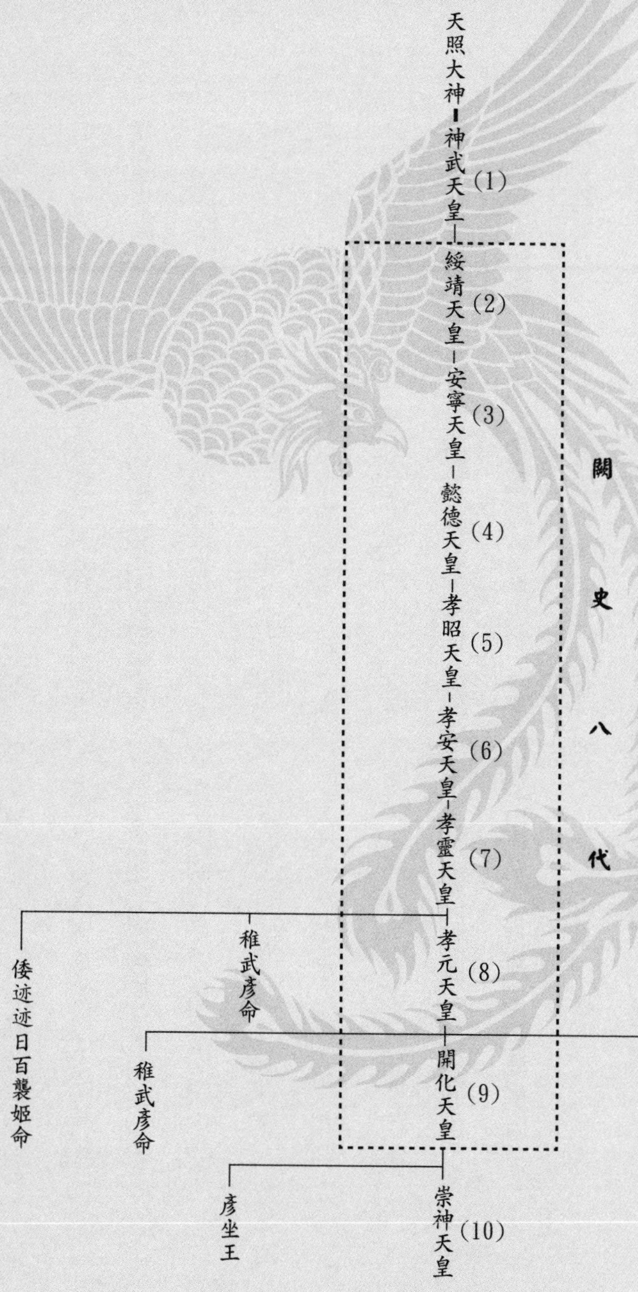

圖 1-2　首十代天皇與「闕史八代」

這是因為在《日本書紀》裡，崇神天皇的和風謚號（請參考第二部第二章1問）是「御肇國天皇」，「肇國」就是「始治國家的天皇」。因此，即使沒有史料支持，但歷史學家相信崇神天皇是有著特別意義的一位人物，他甚至有可能是一位擴大「倭國」統治，以至為統一日本做出貢獻的「天皇」。

現時的歷史學家普遍認同當初日本列島上存在多個大小部落，然後由史稱的「倭國」、「大和朝廷」（或「大和王國」）進行統一，形成了後來的日本王國。因此，如按照謚號的意思來看，崇神天皇便是被尊崇為擴大大和朝廷疆土的君主了。當然，這些觀點都只是基於《古事記》與《日本書紀》特別重視崇神天皇，推測得來。

無論如何，按照《古事記》與《日本書紀》的內容，在兩書成書時，王家朝廷與知識階層認定他們有兩位「開國天皇」，一位是神武天皇——天神之孫、天皇之始；另一位是崇神天皇——第一個擴大國家規模的天皇。

⑶ 第一位真實存在的天皇

兩位「開國天皇」——神武天皇與崇神天皇存在與否，有諸多爭議，也沒有足夠史料和證據去支持，但同時又難以完全否定他們的存在。那麼，究竟真正有根有據的天皇又是誰呢？

按照目前的考據和研究，日本第一位獲歷史學家，甚至考古學家認可其存在屬實的天皇是第二十一代的雄略天皇。這主要是根據一九七八年在埼玉縣稻荷山古墳遺跡裡發現的一把鐵劍。劍上刻有「辛亥之年」、「獲加多支鹵」大王之名。

一般認為「辛亥之年」是公元四七一年的干支，即《古事記》與《日本書紀》記載的雄略天皇時代，而「獲加多支鹵」的發音（Wakukatakiru/Kakukataksiro）又與《古事記》與《日本書紀》上雄略天皇的名字「大長谷若建」、「大泊瀨幼武」的發音近似。除此之外，在《古事記》與《日本書紀》記載裡，雄略天皇的事跡也是初次有外國史料可以印證的（請參考第一章6問），於是主流的歷史學家與考古學家都相信：雄略天皇是第一位有跡可尋、實際存在的天皇。

4 「萬世一系」的概念與古代天皇的誕生有什麼關係？

(1) 神代以來的「萬世一系」

自明治時代到現在，當政者、神道派和保守勢力都一直強調並深信，天皇是自神代以來的「萬世一系」，是永無斷絕的神聖存在。因此，天皇統治的日本是與其他國家不同的神國，國民必須毫無猶豫地擁護天皇統治，維持國家上下團結。這個信念雖然在二戰戰敗後急速被否定與打壓，但目前依然有不少人維護這個想法。另一方面，考古學界與歷史學界在戰前被政府箝制思想，也受制於「不敬罪」，自然無法對「萬世一系」進行充分檢討。戰後，從神國思想中得到解放，討論才變得活躍。

戰時的日本政府利用《古事記》和《日本書紀》做為力證「萬世一系」無誤的根本資料。不過，到了六〇年代，歷史學家重新檢證、分析兩書的內容，論證神武天皇至開化天皇為止的首九代天皇只是傳說人物，神武天皇以外的八代被稱為「闕史八代」（詳見前一問）。

而大和朝廷時代為止的天皇們，目前無法證明他們的真實身分，而且按照兩書的內容去復原古代天皇的繼承關係，也會發現其中至少出現了幾次暗示天皇家族轉換的紀錄。

(2) 七〇、八〇年代出現的「王朝更替論」

承上所言，一九七〇、八〇年代以來，有不少歷史學家提出了「王朝更替論」，指出古代天皇事實上是幾個家族通過聯婚、入贅的方式，結合成現在的天皇家系。然後到了奈良時代，朝廷先後編寫《古事記》和《日本書紀》，將古代本來不是一系的幾個家系合而為一，形成了「天皇一直是同一家族相傳相承至今」的假象和意識，後來進一步膨脹成為「萬世一系」。

其中，歷史學家懷疑最有可能出現過「王朝更替」的，是在第二十六代繼體天皇的時候。《古事記》和《日本書紀》中記載繼體天皇，本來是第十五代天皇應神天皇的五世孫，以越前（現在的福井縣）為根據地。後來，到了第十四代武烈天皇時代，大量王族在多場政治鬥爭中相繼被殺，武烈天皇自身又沒有子女，於是群臣討論後，決定到越前迎接分屬武烈天皇遠親的繼體天皇，來繼承大統。

由此，歷史學家強烈懷疑繼體天皇的來歷，甚至有人認為繼體天皇的「應神天皇五世孫」之說，是他的子孫（即後來的大和朝廷）捏造出來的，只因為想強調王朝的正當性。

「王朝更替論」是戰後一部分歷史學家反省戰前「萬世一系」思想的回應。這對於我們重新思考天皇的歷史發展和存在意義，有著一定的作用和貢獻。然而，在缺乏史料和實質證據下，這樣的主張也只是一個值得思考的學說，想藉此改寫天皇的家系發展史，仍然十分困難。

(3)「萬世一系」的成立過程

目前來說，大和朝廷時代（即六世紀以前古代天皇）的歷史，有待更多考古挖掘的成果，才能進行檢證。現時更重要的是重塑「萬世一系」意識的產生過程。

「萬世一系」的意識最早在什麼時候出現呢？按照可信的史料，如《續日本紀》等記載，第四十二代文武天皇於公元六九七年發布的即位宣命上，便提到了「現御神」、「高天原」（皇祖，天照大神所在之地）、「天津日嗣」等詞語，這些都是在宣命之後成書的《古事記》和《日本書紀》中出現的用語概念。

換言之，天皇做為天照大神的子孫，受命治國，此說在公元七世紀的奈良時代已經確立，然後製成《古事記》和《日本書紀》，再向國內推廣。

然而，文武天皇的宣命文只反映「當時朝廷和天皇意識到強調自己的根源」，但將這個根源昇華和絕對化，則要等到文武天皇的子孫——桓武天皇的時代。

在本書第二部第四章1問，我們將會提到桓武天皇不只遷都到平安京，他與兒子嵯峨天皇還積極導入中國的文教思想和典章制度，強調自己的統治合情合理，是天命所歸。他們希望「萬世一系」的觀念普及，其中一個重要工具便是中國的「德政」、「天命思想」和「祭祀帝皇祖宗」的概念。

自桓武天皇開始，朝廷便積極修史，並在各種文學裡弘揚天皇統治起源於遠古神話時代，再利用祭祀部分先皇的行動，將這種思想滲透到貴族之間。自此，「萬世一系」的雛型就完成了。

不過，還必須處理一件事——排除中國天命思想中的「易姓革命」觀。所謂的「易姓革命」是指「只要受命於天，任何人都可以取代不德失政的君王，自立為帝」。顯然，弘揚「萬世一系」思想的天皇，不可能接受這個觀念，於是，中世紀以來的天皇和貴族只好進一步神化、美化過往的歷史，將所有天皇視為同一家族的一分子，將繼體天皇也視之為「傍系」皇族，以製造一個對抗原版「易姓革命」的新思想，就是當出現不德失政的天皇時，只可找「傍系」出身、德才兼具的皇族來取代。以他姓取代，因為歷史上無先例可循，自然也沒有合法性了。

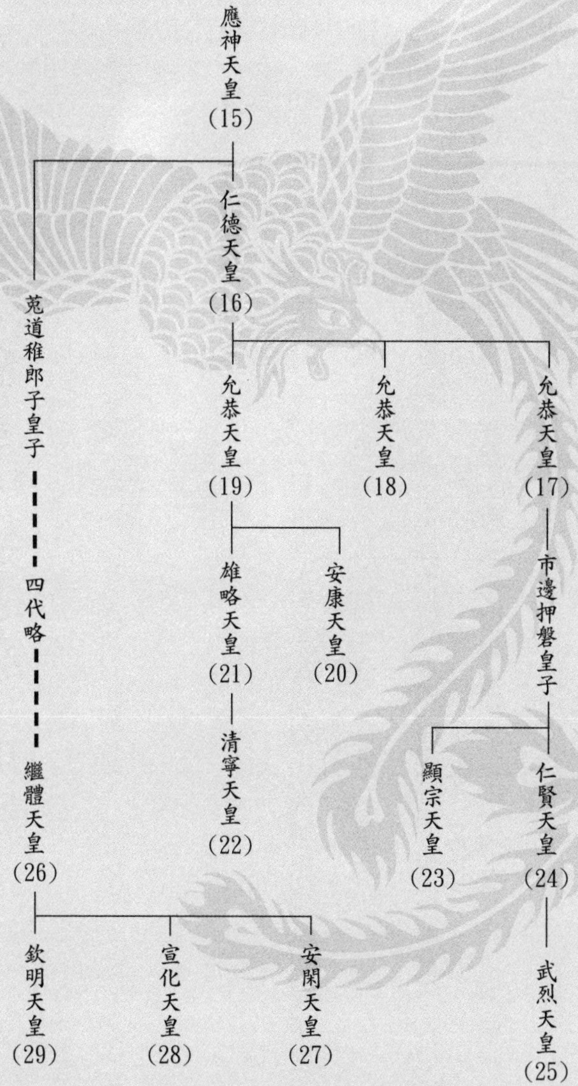

圖1-3 公元六世紀中葉的天皇繼承

5 日本的「女天皇」是怎麼出現的？

⑴ 史上有八位女天皇

在古代的東亞國家裡，除了日本女天皇，就只有中國曾出現武周皇帝武則天這位女皇帝。為什麼日本會出現女天皇，而且多達八位呢？

首先說明，這八位女天皇並不包括較為人熟悉的「邪馬台國女王」卑彌呼，以及在《三國志》中記載，繼承卑彌呼地位的「臺與女王」。這裡說的女天皇，是指有較多史料佐證其存在的——推古天皇、皇極天皇（後來再任，改稱齊明天皇）、持統天皇、元明天皇、元正天皇和孝謙天皇（後來再任，改稱為稱德天皇），還有江戶時代再次出現的明正天皇和後櫻町天皇。

上述有十任女天皇，但皇極天皇和孝謙天皇都在退位後不久，重新即位為天皇（歷史上稱為「重祚」），所以實質上只有八位女天皇。另外，八位女天皇之中，最後的兩任女天皇——明正天皇和後櫻町天皇——與前面六任天皇，有近一千年的時間差距。因此，除了問為什麼日本會出現了女天皇外，我們還要問，為什麼會相隔一千年後再次出現女天皇？

(2) 第一位女天皇——推古天皇

在七世紀的大和朝廷時代，當時的「大王」（「天皇」的前身），由群臣按血統和能力來推舉，並沒有絕對的男女之分。成為第一位女天皇的推古天皇本來是前一任天皇——敏達——的「大后」兼異母妹妹，她的父親是再前一任的欽明天皇。換言之，推古天皇與敏達天皇是兄妹成婚。

敏達天皇病死後，先後由用明天皇和崇峻天皇繼位。然而，前者短命而死，後者被臣下蘇我馬子暗殺身亡，王位出現短暫的真空。敏達天皇的兒子們尚且年幼，由於推古是王族成員，又是天皇的近親（妻、妹），於是群臣便推戴時任「太后」的她為新天皇。順帶一提，推古天皇的其中一個侄子便是「廄戶王」，即後世著名的「聖德太子」。

(3) 七世紀、八世紀是「女帝的時代」

推古天皇開創女性天皇的先例後，除了江戶時代的兩任天皇以外，剩下的六任女天皇都集中出現在七、八世紀。因此，不少歷史學家稱這兩個世紀為「女帝的時代」。這六任女帝各有不同，例如，前述的推古天皇和皇極天皇（齊明天皇）、持統天皇、元明天皇都是前任天皇的女兒，嫁給分屬近親的新天皇，成為妻后；加上自身也是王族，提高了繼承天皇之位的機會和正當性。因此，她們的兒子身帶雙重的皇統血脈，自然更有資格繼承皇位了。

換句話說，這三任女天皇繼承大統，表面上雖然是過渡性質，但是由於她們的生父、丈夫兩方都是王族出身，因此地位非常尊貴，性質上與江戶時代的女天皇十分不同。而且，她們不是一個等待交接的過渡天皇，而是各自在天皇制早期有著重要角色和穩定作用。例如皇極天皇在讓位後，因為弟弟孝德天皇早死，政局不穩，於是他便以前任天皇的身分，再次即位，以保局勢穩定。

持統天皇和元明天皇時，也有類似的情況。例如，元明天皇先是因為兒子（即後來的文武天皇）還年幼，所以將長女立為元正天皇，待兒子長大後再安排她讓位。但是，因為文武天皇即位後早死，她又以皇祖母兼前任天皇之尊，直接保送孫兒首皇子，以七歲之齡繼位為天皇，即後來的聖武天皇。

由此可見，這幾位以雙重身分成為天皇的女帝，都有強大影響力和權力。

至於之後的元正天皇和孝謙天皇，兩者與前面提到的天皇相比，情況略有不同。首先，元正天皇和孝謙天皇都是終身未婚的女天皇。而前文已提到，元正天皇是元明天皇的女兒，她是為了等待弟弟文武天皇成年，才被選為天皇，是帶有過渡性質的。所以，元正天皇終身未婚的原因，是因為她沒有傳宗接代的任務。

孝謙天皇則是天皇史上第一位被冊立為皇太子，再成為女天皇的人物，由於她未與王族男子成婚，一度將皇位傳給了傍系出身的淳仁天皇，又再次奪回皇位，「重祚」成為稱德天皇。

從孝謙（稱德）天皇的例子，我們再次看到女天皇在七、八世紀的權限與統治，絕非虛有其表。但不要忘記，即使女天皇握有實權，但當時的大和朝廷基本上仍然以男系子孫繼承皇位為優先條件，一旦女天皇無法確立這個後繼人選，便會出現政治動盪。

孝謙天皇第二次上任（稱德天皇時期），就因為無法完成這個政治與歷史的使命，最終由群臣合議，推選出王族出身兼稱德天皇的妹夫繼位，是為光仁天皇。

詳細的政亂不在此贅述，總之自此之後，為了克服、反省女天皇繼位後潛藏的危機教訓，自光仁天皇開始（公元七七〇年即位），王族女子再也沒有繼承天皇之位，直至八百五十年後的江戶時代，才又有明正天皇以女皇即位。

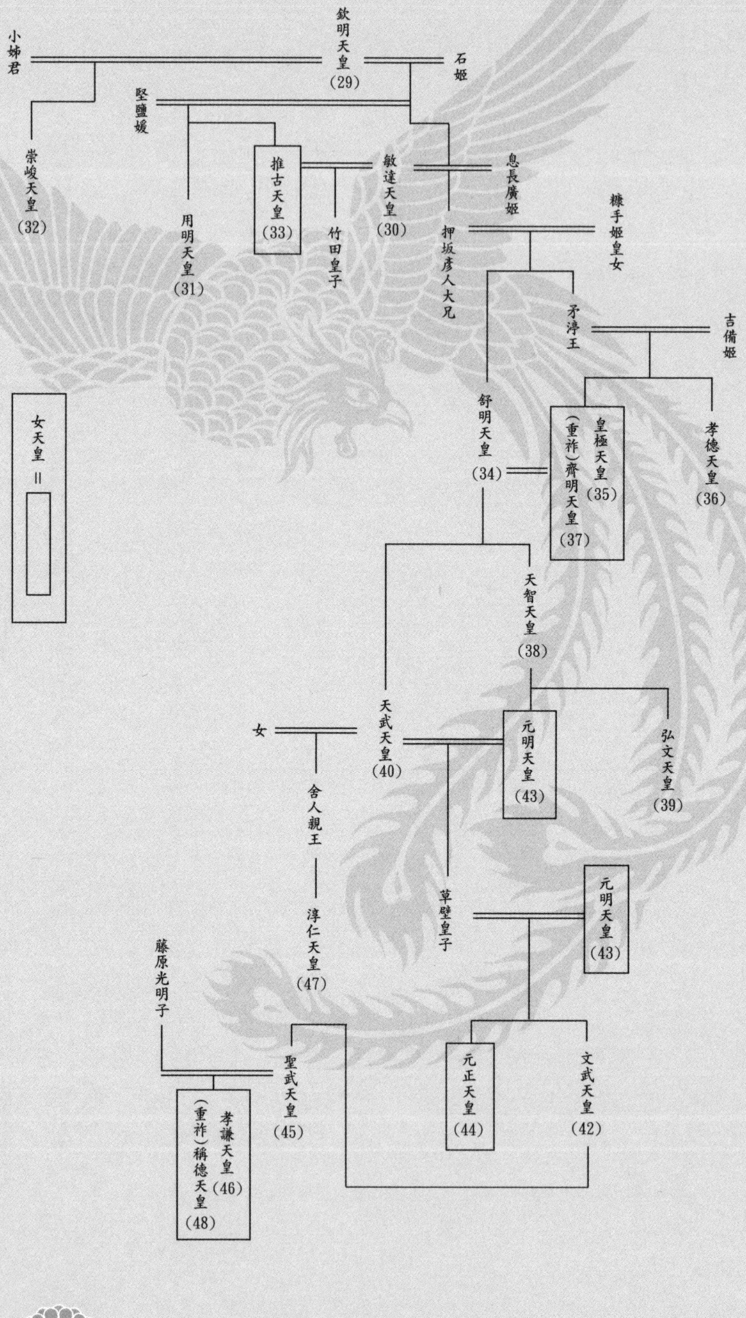

圖 1-4　公元八-九世紀（平城時代）的女天皇

6 天皇有姓氏嗎？

(1) 八色之姓

一直以來，日本人與外國人都想問：「天皇有姓氏嗎？」回答之前，先為大家整理天皇與日本人姓氏誕生的大概過程。

大約在公元三世紀中期左右，當時仍然被稱為倭國的日本，仍未產生文字，按照後來的史書來看，當時的上流階層以「職名」和「所在地」為氏，如大伴氏（職名）、蘇我氏（地名）等。

到了公元六七〇年，天智天皇實施了著名的「庚午年籍」（日本歷史上最早的國民戶籍帳冊，已散佚），他的弟弟天武天皇除了另外製作了「庚寅年籍」（同樣散佚）外，又為從屬國家的官員和地方豪族設立「八色之姓」，按地位高低排列為：真人、朝臣、宿禰、忌寸、道師、臣、連、稻置。自此之後，豪族群臣受封於天皇，領取了賜予的氏姓做為身分象徵。

而天皇本身有沒有為自己和家族創立氏姓呢？曾有說法指，創立「八色之姓」的天武天皇死後，他的和風謚號為「天渟中原瀛真人天皇」，換言之，天皇很有可能用了八色姓中最高級的「真人」做為自己的姓氏。順帶一提，所謂的「和風謚號」便是以古日本語和思維去紀念、評定大王生前功德的謚號，而且專門在國內使用，與模仿中國、朝鮮半島，以漢音雙字做為紀念，主要用於國史上的「漢風謚號」有所不同。

話說回來，由於天武天皇以後的天皇都沒有用「真人」自稱的相關資料，因此，更多歷史學家認為，「真人」不是指八色姓中的「真人」，而是仿照唐高宗採用道教思想，將皇帝比做道教中仙人（真人）。換言之，他們主張天武天皇的和風諡號「天渟中原瀛真人天皇」與八色姓毫無關係，一切只是巧合而已。

(2) 倭之五王曾以「倭」為姓

另外，其實在天武天皇之前，在日本以外的史料裡，也能找到倭國時代的大王曾向外國提到自己姓氏的記載。這個重要的線索來自於中國南北朝時代劉宋帝國的《宋書》。

根據《宋書．倭國傳》記載，當時倭王倭讚向劉宋帝國要求建立外交關係，並且請求皇帝劉裕賜官。接著，倭讚的弟弟倭珍，還有十八年後被推斷是倭王同族的倭濟，其子倭興和倭武兩兄弟均先後派使者向劉宋帝國朝貢，以及請求賜予將軍等稱號。倭武更曾經分別與劉宋、蕭齊和蕭梁三個南朝帝國建交。這五位倭王在歷史上一般被稱為「倭之五王」。

這五位倭王均曾以「倭」（Yamato）為姓，並且被記錄在中國王朝的官史上。究竟他們是主動以「倭」為姓，還是劉宋、蕭齊、蕭梁帝國以他們的國為姓，以便記載，在目前史學界裡仍然有爭議。但整體來說，後一種說法獲得較多歷史學家支持。

順帶一提，目前史學界利用最後一位倭王倭武在中國官史的活動時代，推定他是雄略天皇。然後，再按照以上的親族關係，進一步推斷倭讚、倭珍，同族的倭濟、倭興分別是仁德、履中、允恭和安康四位天皇，但這樣的說法還沒辦法「驗明正身」。

(3)《隋書》記載：倭王姓阿每

倭武在蕭梁立國初期（公元五〇二年），仍然與中國進行交流和朝貢，但似乎沒有跟接續的陳帝國有交流的紀錄，也沒有出現在《陳書》之中。而倭國（《隋書》寫作「俀」）與隋帝國交流，已經事隔近一百年（公元六〇〇年），也就是史稱「遣隋使」的時代。

按《隋書．倭國傳》記載，倭國派來的使者向隋文帝楊堅說明了倭國王的姓名。使者稱「倭王姓阿每，字多利思比孤，號阿輩雞彌」。乍看之下，與南朝時代的「倭姓」完全不同。不過，日本歷史學家重新按照這些漢字的讀音進行解讀後，得出「阿每」（Ame）是「天」的音譯，「多利思比孤」（Tarishihiko）是「降臨」之意，而「阿輩雞彌」（Ōkimi）則是「天兒」、「大王」的意思。

換句話說，「阿每．多利思比孤．阿輩雞彌」就是「從天降臨的大王」，是「天皇」在古日語中的同義語，也就是說在《隋書》留下的倭國王姓、名、號其實都不是當時天皇的姓名，倭國使者只是將「天皇」的同義語分拆成姓、字、號來告知隋文帝，不打算按照中國習慣為天皇定一個中國風的名諱。更直接一點說，倭國已有與隋帝國平起平坐的意識。

(4) 唐宋的記載，其後不再探求天皇的姓氏

到了八世紀初的唐帝國時代，當時已改稱國號為「日本」的奈良朝廷與唐帝國交流，唐帝國曾按照在長安留學的日本僧侶、學生的說法，在寫給天皇的國書中稱「日本國王主明樂美御德」。「主明樂美御德」其實就是日語「天皇」的讀音轉化為漢字，而這也是一串讚美字詞，反映日本僧侶利用機會美化自己國王的稱號。唐帝國似乎不知其實，直接照用。

之後宋帝國的《宋史》，則改稱日本國王的姓為「王」，但沒有更多的描述。而宋帝國以後的中國官史，沒有再對天皇之姓有什麼記載，一方面是同時代的天皇已經不再是執政的國君，成為了「統而不治」的國家代表。在中

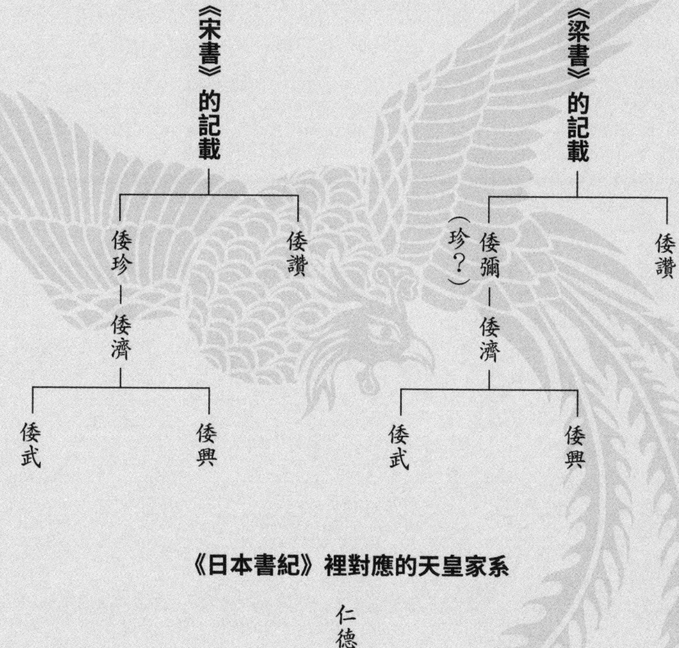

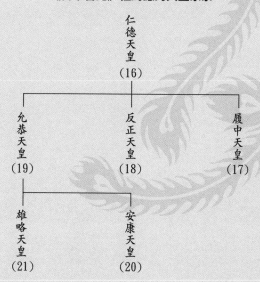

圖1-5　中國史料與日本史料中的「倭之五王」

國王朝的情報裡，天皇的存在感也每況愈下，所以對天皇姓氏的求知欲也隨之消失。

7「平將門之亂」和天皇有什麼關係？

(1) 日本史上著名的平將門之亂

「平將門之亂」是日本歷史上十分有名的政治事件，考慮到不少讀者不了解這個事件，因此先簡單說明。

亂事發生在公元九三九年底，同時期在西日本也發生「藤原純友之亂」，兩者俱為十世紀最大的地方亂事，歷史學家一般合稱「承平天慶之亂」。由於「藤原純友之亂」與平將門之亂沒有直接關係，在此便不作贅述。

「平將門之亂」的主角平將門（？～九四〇），是著名的桓武天皇的五世孫，父親時代被賜「平」姓，從此一族便被稱為「桓武平氏」。將門的祖父高望王獲封為上總介，隨即到了關東的上總國（現在的千葉縣中北部）任職，主責鎮討當時在關東地區十分猖獗的強盜集團。也因為這個原因，高望王便一直留在當地，成為當時盤踞關東南部的一支王孫貴族。所以，平將門屬於家族移居到關東後的「官三代」。

既然是天皇子孫，又身為貴族，為什麼平將門會發起叛亂呢？參考後來成書的軍記文學《將門記》，起亂的主因是為了爭執家產。父親平良將死後，伯父平國香等一族想奪取平良將的遺產，平將門便與他們相爭。另外，又因平將門與鄰國常陸國掾（地方官的一種）源護有婚嫁之爭，於是原本族人間的爭產，變成了跨境的大亂。

(2) 日本史上第一個被判梟首的貴族

平將門決定與上述的敵人對抗後，隨即起兵發難，但隨著戰事擴大，他與前來平亂的常陸介（常陸是現在的茨城縣）藤原維幾展開戰鬥，並獲得勝利。他乘勢攻入常陸國，攻陷了常陸國府（常陸國的官署）之餘，鄰近的下野（現在的櫪木縣）、上野（群馬縣）、相模（神奈川縣東部）、下總（千葉縣北部）、武藏（東京都和埼玉縣）、安房（千葉縣南部），即關東八國，連同西南的伊豆國（神奈川縣西部），都先後落入了他的手中。（是不是都是事實，歷史學家有不同見解。）

不僅如此，平將門還將這幾國的官印全數收走，意味著他奪去了這幾國的統治大權。這樣一來，便由私鬥私怨的層次，上升為公然叛逆朝廷的行為了。不過，平將門起亂的時間不長。受朝廷之命出動討伐的關東軍事貴族平貞盛和藤原秀鄉等人，在征東大將軍藤原忠平率領正規官軍到來之前，已經擊殺平將門，成功鎮壓叛亂。平將門被送到京都梟首示眾，成為史上第一個被判梟首的貴族。

(3) 新皇與天皇

比起同時期發生的藤原純友之亂，平將門之亂深深烙印在京都貴族們的記憶以及後來的史書中。因為平將門戰死後，京都發生了一連串天災瘟疫，讓人們認為他對敗死忿忿不平，於是作祟害人，更重要的是，傳說平將門在起亂時曾自稱「新皇」，成為關東八國之王，與京都的天皇分道揚鑣。

《將門記》便提到平將門稱皇的經過和根據。當時他攻下上野國之後，一名巫女自稱是「八幡大菩薩」的使者，要將帝位授予他，而且還出現了已故名臣菅原道真的靈魂。

道真在平將門之亂前，於政治鬥爭中受累，最後被貶，死在九州。據《將門記》記載，道真的靈魂表示會跟八幡大菩薩一起率領大軍，協助平將門成為新皇。當然，這只是文學裡的場面，不能當真。

然而，這個故事引發了不同時代的討論，更有人認為後來創立鎌倉幕府的源賴朝，很可能就受到《將門記》的影響，才會決定成立幕府。但自稱「新皇」，這個說法沒有史實根據，只能說是一個傳說。

比起平將門是否真的自稱「新皇」，《將門記》的作者故意提到八幡大菩薩協助他稱皇的情節，以及他與天皇的關係，更值得我們留意。

「八幡大菩薩」也稱「八幡神」，原本是九州豐前國宇佐（現在的大分縣）八幡宮的祭神，後來被認為是曾派員出征朝鮮半島的應神天皇的分身，更是佛教裡的菩薩。故此，自奈良時代直至平將門之亂時的十世紀，做為天皇分身的八幡神，已經是天皇與貴族們深信的神祇之一。

(4) 授予天皇之位的「八幡神」或「天照大神」

即使《將門記》裡說八幡神顯靈是無稽之談，但其背後的意識卻十分重要——包括《將門記》作者在內的當時人相信，要挑戰天皇或者與天皇平起平坐，就必須獲得能授予天皇之位的「八幡神」或「天照大神」的授權（但天照大神在《將門記》裡沒有出現）。

「八幡神」願意顯靈相助的人當然不會是凡夫俗子，相助平將門也因為他是天皇的後裔（桓武天皇的五世孫）。換句話說，「八幡神」授予皇位的人，必須是天皇一族才行。《將門記》表面上看似描寫了一個王孫謀反失敗的故事，但它說明了成為天皇的必須條件，以及天皇與神祇的關係。平將門的失敗並不意味著「八幡神」無能，反而更強調「八幡神」顯靈，配合平將門皇族的血液，才有資格與天皇處於平等的位置，一較高低，甚至獲得了與天皇分土而治（關東八國）的機會。

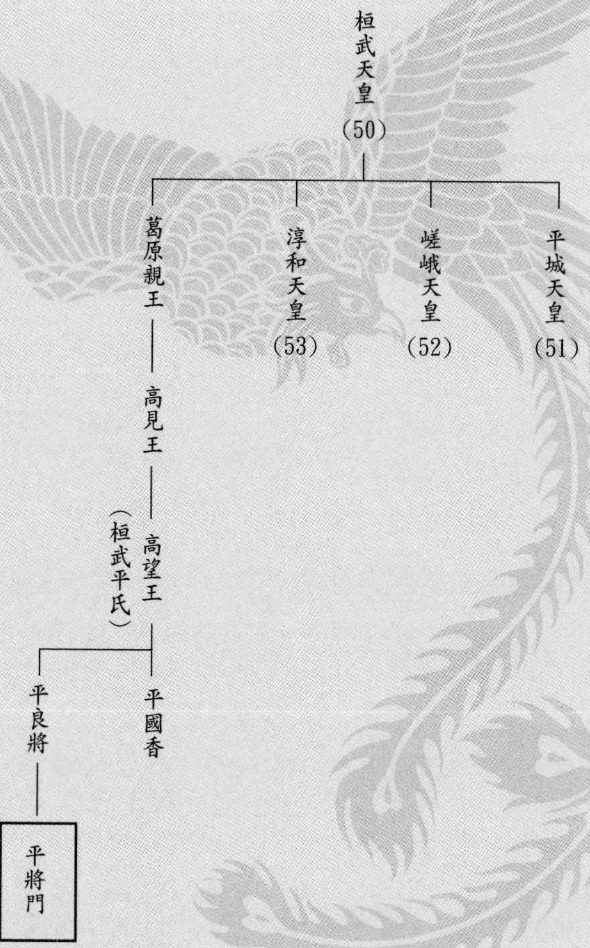

圖1-6　平將門與天皇的關係圖

第二章

概說天皇的歷史

（中世篇）

1 天皇為什麼與藤原家共治天下？

(1)「攝關政治」的迷思

相信不少讀者聽過「攝關」這個名詞，「攝」是攝政的簡稱，而「關」則是關白的簡稱。「攝政」顧名思義就是攝理政事之意。在古代奈良時代，攝政專門在幼年天皇即位時，協助幼帝主理國政；關白則協助成年天皇處理國政，類似現在的專責顧問。換言之，攝政與關白本來是兩個因應不同情況而設置的特別官職，但一直到十世紀為止，雖時有設置，都是臨時性質，不是常置。

奈良至平安時代初期為止，攝政本來只限天皇的家族成員來擔任，而且一般都是皇太子或至親的王族。而在一千年後的明治維新時，一直標榜「王政復古」的日本政府，為了宣示天皇摒除權臣專權的意志，回復由成年皇太子擔任攝政。昭和天皇便曾在太子時期擔任攝政，協助多病體弱的父皇大正天皇管理國家。

話雖如此，十世紀後半開始，攝政與關白已經完全成為藤原氏中的「藤原北家」（又稱「良房流」）的囊中物，直到明治維新，前後持續將近一千年。以日本的歷史發展過程來說，王族攝政存在時間還是相對短暫的。

(2) 天皇不是傀儡

希望讀者留意，藤原氏能夠晉升「攝關」之位，繼而把持該職將近千年之久，是因為藤原北家在公元十一世紀時成為了天皇的外戚，從此與天皇家建立唇齒相依、難分你我的關係。這使得不少人以為藤原北家已經不用理會天皇是長是幼，可以恣意妄為，代替天皇掌管國家，而天皇似乎成為「花瓶」、「神主牌」。

可是，攝關政治並沒有那麼簡單。藤原道長雖然將藤原北家推向最高峰，世稱「御堂關白」，但事實上他從未擔任過關白，只曾擔任攝政一年。還有，自他的五世祖（首位非王族攝政的藤原良房）直至道長之父藤原兼家為止，約一個多世紀，代代皆出關白和攝政，但不要忘記這一百年同樣是天皇史上少有的親政時代。那時候宇多天皇、醍醐天皇、朱雀天皇和村上天皇四代的治世，在日本歷史上被稱為「聖代」、「盛世」。可見道長以前的藤原北家即使身兼關白和攝政，但其實無損天皇的統治權。

藤原北家成為攝關，不代表天皇變成傀儡。這是為什麼呢？

(3) 攝關藤原家的真正武器——外戚身分

攝政與關白到公元十世紀前半為止，都是不常置之官（令外之官）。按當時的規定，兩者只是輔助之職，不能干涉天皇管治，也不可參加天皇與朝廷大臣（太政官）商議國政的「公卿會議」。另外，當時在天皇與太政官之間，還存在一個名為「內覽」的官職，有權在公卿會議審議之前閱覽天皇的決策案和旨意草案。顯然，這個「內覽」之職才是真正左右政策的職位，但擔任內覽的公卿不一定是藤原氏出身，內覽與攝關本是兩個系統。

不過，在道長登場之前，上述的規定逐漸出現變化。公元九六二年，藤原伊尹（道長的伯父）趁在位的冷泉天皇（村上天皇之子）體弱無子，決定先下手為強，發動「安和之變」，排斥有力政敵源高明，使藤原北家完全壟斷了朝政。自此，藤原北家的地位漸次鞏固，攝關正式成為常置之官，藤原北家也獨占內覽。到了道長時代，以內覽把持朝政，繼而獨占攝政、關白之職的「攝關藤原家」正式誕生。

上文提到道長非但沒有擔任過關白，而且只擔當了攝政一年。但是，由於他一直擔任內覽，因此依然能在朝廷裡呼風喚雨。當然，這不代表外戚的身分不再重要。道長進入政壇後，先後將自己的四個女兒嫁給天皇和皇族子弟為妻，確保「不論天皇是誰，藤原家的外戚身分都得以萬全」。

這並不意味著天皇家從此成為傀儡，應該說，「攝關藤原家」的誕生不等於天皇衰微。藤原北家的子孫即使囊括了朝廷的最重要職位，但他們把持權柄的根本要素，還是靠宗族女子成為天皇的后妃和母后。換句話說，藤原道長的子孫要繼續握有權位，第一，在任的天皇必須一直早死，由藤原北家出身的母后代幼帝統率王家；第二，天皇得繼續迎娶藤原道長的女孫為后。這些藤原北家的女子成為天皇的母后後，便可以利用「國母」的身分，協調夫家天皇家與娘家藤原家雙方的利益，成為兩家共治天下的關鍵。

另一方面，藤原道長和他的子孫雖然靠宗族女子成為國母，再把持朝政，但既然攝關是輔助之職，天皇成年後，藤原家也沒有阻止之理。而且，自八世紀以來，「天皇是神之子孫」的觀念逐漸根深柢固，藤原氏為了保證自己有大義名分去扶持天皇家，只能利用宗女延續下去。

(4) 成為佐翼之臣，再被削弱權力

自七世紀中葉的白村江之戰（六六三年）後，日本外無敵患、內無戰亂，沒有任何政治條件足以動搖天皇的存在根據，藤原氏最終選擇了貫徹「佐翼之臣」的角色。

十一世紀初，藤原道長之子賴通接掌攝關、內覽之位，在位的後三條天皇年輕力壯，決定在不影響國政的前提下，限制賴通家族的勢力，振興天皇

的權威。天皇迎娶了同是藤原家出身，但屬於勢力較弱的分家女子為后，變相地削弱了賴通的攝政名分。自此，叱吒朝野百年以上的攝關藤原家迎來了君權重新膨脹的時代，即史上有名的「院政時代」。

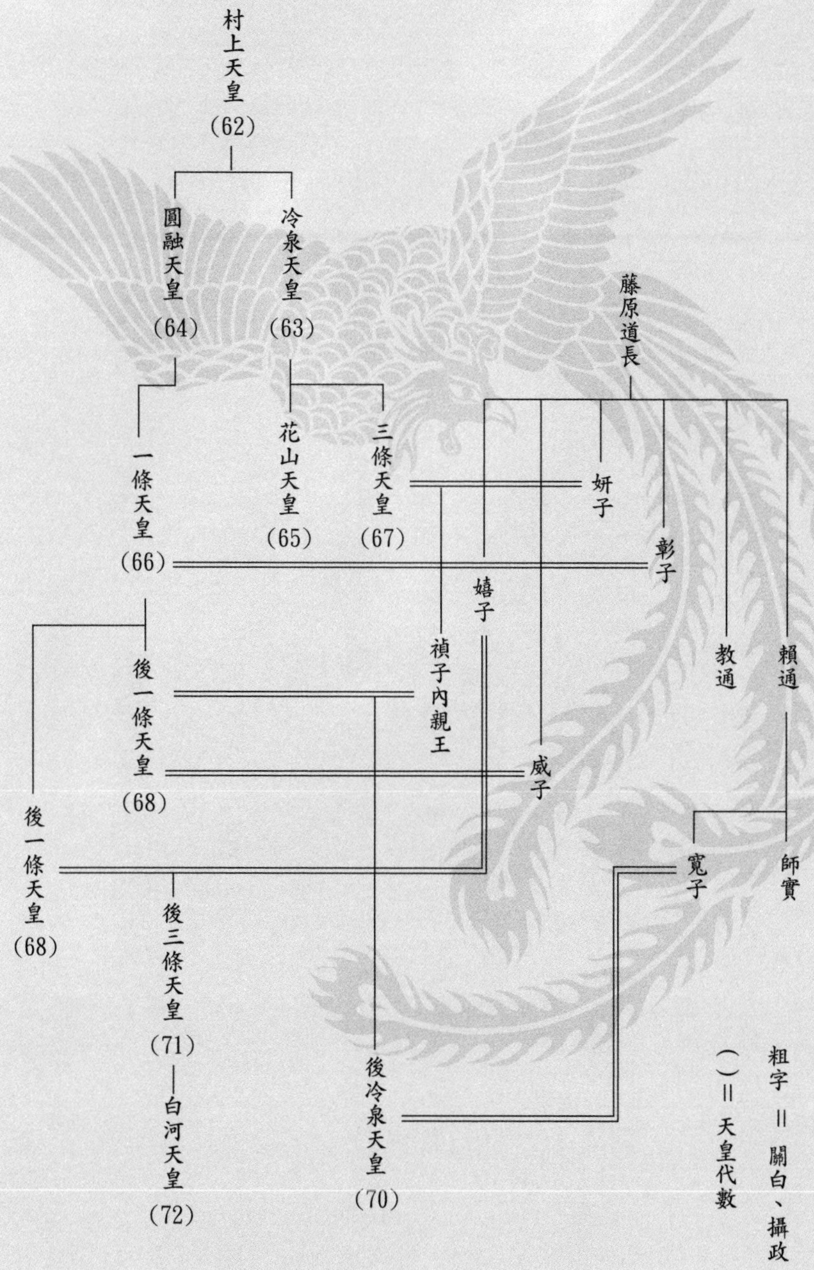

圖2-1　天皇與攝關藤原家的姻親關係

2 治天之君——院政，是怎樣的制度？

(1) 二王共存：天皇與太上天皇

退位後的天皇，其正式名稱是「太上天皇」，簡稱「上皇」。上皇的歷史悠久，早在公元七世紀的奈良時代便已經存在。在這之前的大和朝廷時代（或稱「飛鳥白雉時代」），天皇（本來稱為「大王」）本來與貴族聯手共治。但自十一世紀開始，為「院政時代」。太上天皇一般被稱為「院」或「上院」，「院政」就是天皇的父親在退位後仍然握有執政實權，並且以「天皇家之長」、「天皇之父/祖父」的至尊身分，與在位的天皇以及攝關藤原家，三方合力統治國家，是一種極為特殊的政治制度。

從歷史發展來說，「院政」並非一開始就存在。奈良時代出現太上天皇，是由於當時王族之間的爭權政變繁多，在沒有確立皇太子制度時，天皇為了確保自己的血脈能夠繼承王位，於是選擇了生前退位，先立繼承人為天皇的作法。與後來的「院政」不同的是，那時代的太上天皇與天皇不一定是父子關係，有的是母子、祖孫、兄弟等，而且奈良時代的太上天皇普遍不會主動干政，也沒有自己的官署和勢力。

雖然如此，真的到了危急關頭，奈良時代的太上天皇可以重新成為天皇，這在奈良時代有過兩例。一般來說，奈良時代的太上天皇還是為守護天皇統治制度安定而存在。

隨著王權交接恢復穩定，太上天皇沒有被廢，仍然存在。到了九世紀末，貴族之中一個有力貴族——藤原氏——獲得天皇重用而崛起。當中的藤原北家利用外戚身分，手握最高輔政之職「攝政」、「關白」，奉天皇為君，代管國政，史稱「攝關政治」，前文已說明。而那時候太上天皇仍然存在，意味著最高權力是天皇、太上天皇、攝關藤原家三方共治。

約一百年後，與藤原氏沒有婚姻關係的後三條天皇上台，決定收回部分權力，壓抑藤原家的威勢。他的繼承人白河天皇沿襲其方針，同時仿傚藤原氏的手法，積極利用太上天皇（天皇之父）的身分代替天皇執政，「院政」自此誕生。

值得我們留意的是，自平安時代開始，太上天皇與天皇之間原則上只限父子、祖孫和兄弟關係，奈良時代的女天皇已然被完全否定了。而且，「院政」也只限定由現任天皇的父親或祖父來開設。這個規定象徵著當時日本上流社會提高了「父權為貴」的意識，以及父子相承的必然繼承條件。在這原則下，一旦天皇膝下無子或兒子尚幼，在主觀感情上是不想由弟弟接任下一代天皇的。不過，如果天皇之父親，即太上天皇仍在，又手握院政之權的話，天皇受制於父皇的權勢，也只能傳位給弟弟，間接埋下了兄弟兩支血脈明爭暗鬥的危機，這個危機也在二百年後成為了事實（請參考本章4問）。

(2) 從興起到終結，院政分四時期

做為天皇之父，白河上皇以來的「院」被冠以「治天」或「院治天」之名，以曾為天皇之尊，以及現任天皇之父獲得凌駕天皇的權威，而且身為「退休人士」，「院」比較不受朝廷的禮儀和限制規範，可以隨心所欲地駕馭國家，指導天皇治國。

順帶一提，上述所謂的「治天」之語，來自於大和朝廷時代國王的稱號——治天下大王（後來改為「治天下天皇」）。「天下」也就是日本國的意思。因此，「治天」本來是天皇的代名詞，太上天皇恆久出現後，也成為了

上皇的別稱，所以，「治天」存在兩義，一些紀錄稱上皇為「院治天」來劃分。又有另一種分法，將現任天皇稱為「院」，太上天皇稱為「上院」。為免讀者覺得複雜，本文一律統稱為「太上天皇」。

由於當時的朝廷實際上已經放棄了源於中國王朝的中央集權制度，改為與藤原家為首的朝廷貴族和各大寺院「瓜分」日本的國土，代為自己的莊園，再由天皇以國君的名義做出承認。而天皇本人退休成為太上天皇之後，也加入了「瓜分」國土的競爭行列，而且利用國君的權威，大量拿下日本各處的土地做為自己的莊園，稱為「院領」。

換言之，「院政」興起時，日本形式上是集權，實際上則走上莊園制度。然而，天皇做為國君和當權者，不能「以權謀私」，但太上天皇則沒有這個政治約束。因此，只有早日成為太上天皇，才能繼續以莊園領主兼天皇家之長的雙重身分，謀取最大的利益，並且成為日本國內最大最強、有權有勢有財的權力者。「院政」自白河天皇在一〇八六年讓位開始，一直到光格上皇於一八四〇年死去為止，前後共維持了七百多年。而在這七百多年的「院政時代」，歷史學家一般分四個時期，院政在這四個時期也存在著不同的特質。

第一期：白河上皇開始實行院政到鳥羽上皇為止的六十年，是院政的草創期，各種與之相關的獨立官署「院廳」、院的執事——院司等，在這時期陸續誕生。

第二期：後白河上皇到後鳥羽上皇的時代，前後約六十年。這時期正值武士崛起，但也是院政最盛的時期，兩者聯手削弱了攝關藤原氏的勢力後，一段時間內保持合作無間的關係。可是一二二一年，承久之亂爆發，院政與朝廷勢力被武士政權——鎌倉幕府——蓋過，院政能夠呼風喚雨的時代也到了尾聲（詳見下一問）。

第三期：承久之亂後到南北朝時代開始為止的一百年間（一二二一年～一三三一年），是院政權力受到幕府壓制的時代。雖然當時朝廷受到鎌倉幕府的干預與影響，國家統治大權也握在幕府手上，但貴族和寺社的支配權仍然由院政支配。在這一百年裡，經過數代院與天皇的努力，對應社會時政的改變，改革了朝廷的架構，成為後來朝廷的基本形態，直至幕末。

第四期：室町時代以後到明治維新為止的六百餘年。雖然院政依然存在，但隨著室町幕府在京都成立，這個「王家最後堡壘」的統治權慢慢受到室町將軍的干預，形成了天皇與將軍共存共榮的狀態。在這情況下，院政已經變成徒有其表的制度。那時代以後的天皇即使讓位成為「院」，也不再像過去一樣可以呼風喚雨，自由如意，基本上是與天皇唇齒相依，去應對幕府。

院（太上天皇）

↓院宣（上皇的政令）↓天皇、朝廷↓宣旨↓地方

↓院近臣↓院廳（院的行政機構）↓院廳下文（行政文書）↓院領（上皇的私領）

圖2-2　平安時代「院政」的權力架構

到了一八四〇年，光格上皇逝世後，院政便不再出現，可以說自動結束了。順帶一提，今年退位的平成天皇在「退休」後，將被稱為「上皇」，當然在憲法之下，這位近一百八十年來再次出現的「上皇」將不會實行「院政」，而是名符其實的「退休天皇」。

3「承久之亂」為何對天皇制帶來重大影響？

(1) 什麼是「承久之亂」？

公元一二二一年，發生了日本史上十分著名的「承久之亂」，這是日本國史教科書裡必然提到的一課。對天皇來說，這是一場空前的歷史大事件。簡而言之，承久之亂的起因與後鳥羽上皇有關。當時領導朝廷，開設院政的後鳥羽上皇不顧朝廷內部的反對，在一二二一年向鎌倉幕府宣戰。上皇一方原本形勢大好，但鎌倉幕府瞬速決定應戰，並且發動三路大軍直撲京都，最終上皇方大敗，他本人被幕府捉拿後，與另外兩個已讓位的上皇——土御門上皇與順德上皇——都被流放外地。後鳥羽上皇被流放到隱岐，土御門上皇到阿波（今天的德島縣），順德上皇則被送到佐渡島（今天的新潟縣）；而在兵亂前剛就任的仲恭天皇（後鳥羽上皇的皇子，正確名稱是「九條廢帝」，「仲哀天皇」是明治維新後追封的），以及他的兩名皇弟，一樣遭到流放。

十一世紀發生的保元平治之亂，戰敗的崇德上皇也被處以流放之刑，被放逐到四國讚岐（今天的香川縣），可以說天皇被放逐不是沒有先例。可是，一二二一年的兵亂後，戰敗方的數名天皇與皇子都一一被處罰，人數之多，在日本以及天皇的歷史中，是絕無僅有的重大事件。

戰事後，取得空前勝利的鎌倉幕府便開始加強對朝廷與京都的控制，甚至在京都設置了著名的「六波羅探題」，專門監視朝廷的舉動，又干預天皇的繼位等原本不得過問的天皇家事。換言之，承久之亂使幕府有了干預朝廷的口實，強化了鎌倉幕府對國家的控制。另一方面，幕府加強控制朝廷的結果，使部分貴族和王族心生不滿，某種程度上也間接地引致了一百年後，後醍醐天皇因為不滿幕府決策，決定仿傚後鳥羽上皇去挑戰幕府，而他最終成功了。為什麼會爆發這場事件呢？為什麼上皇們與朝廷會突然向鎌倉幕府宣戰？

(2) 天皇的戰爭

天皇向幕府宣戰的原因，一般說法指稱是因為後鳥羽上皇對幕府專橫、控制國政，感到不滿。可是，這不過是軍記小說的說法，並沒有確實根據。事實上後鳥羽上皇本來跟幕府的關係十分不錯，更與當時的鎌倉幕府第三代將軍源實朝（源賴朝之子）有一定的交流。

總而言之，上皇對幕府並不是從一開始便心生恨意的，那時候的幕府沒有控制朝廷之舉，西日本各地區仍未完全受鎌倉幕府控制，幕府的勢力範圍和重心依然以東日本為主，更沒有插手天皇與朝廷內部的事宜。所以，軍記小說的情節只是附會之說。上皇動兵的真正原因有二。

一是因為與上皇相知相交的三代將軍源實朝，被幕府執權北條家和他的生母北條政子暗殺，使幕府與朝廷關係出現不穩。二是源實朝死後，幕府決定讓九條家的子弟來當新將軍，實權則由北條家把持。

九條家是朝廷貴族中最高地位的攝關藤原家的有力分家，當初後鳥羽上皇同意了這個安排，但有朝臣認為九條家出任將軍，既傷害了他們的利益，而且九條家將因此壯大，使朝中各家貴族（尤其是攝關藤原家的其他分家）之間的勢力失衡不均。於是，不滿九條家獨享利益的貴族們便向上皇反映不滿。

一系列由源實朝被暗殺所引發的人事、利益問題，最終使上皇決定以武力迫使幕府撤回招請九條家子弟當將軍的決定，改由其他人（例如他的皇子）來出任，以保朝廷內部的和順。但是上皇的要求打亂了幕府的盤算，結果遭到幕府拒絕。威信盡失的上皇決定與幕府兵刃相見。換言之，上皇本來針對的是新將軍的人事安排，而不是幕府本身。

(3) 戰敗背後的天皇觀

天皇戰敗是因為幕府擁有強大的軍事資源，但是在起亂之初，敢響應幕府的號令，將兵鋒指向天皇的武士，寥寥無幾，因為當時的鎌倉武士一直都以奉侍天皇、護王護國為最高使命，不存在與天皇、朝廷對敵的思想。所以鎌倉幕府得知上皇要號召全國上下去打倒幕府時，北條家也出現空前的信心危機。

然而，就在這危急存亡之際，兩名從京都來效命的中下級貴族大江廣元（戰國名將毛利元就的祖先）和三善康信，向幕府進言，並要求幕府立即出兵進擊京都，更指出兵討幕的上皇是「禍亂天下」的壞天皇，幕府和天下人有責任「撥亂反正」。

同時在京都，子弟獲幕府招請為將軍的九條家，也對上皇的行為感到不滿，更主張貴族為了天下和祖宗基業，以及身為「佐翼之臣」，有必要阻止行為不正的天皇，以保天皇家的存續。

換言之，當時的上流社會是將天皇本人與天皇這個制度分開來理解的，他們誓死保護天皇的安全與天皇家的存續，但同時也義不容辭地將不合眾人利益的天皇送下皇座。這個思想與當時盛行的儒家德治思想有莫大關係——只要是禍亂天下、私德有虧的天皇，都會被認為是難以勝任天皇大任的「失敗品」。當要更換天皇時，貴族不能以下犯上，與天皇對立，而是另立新天

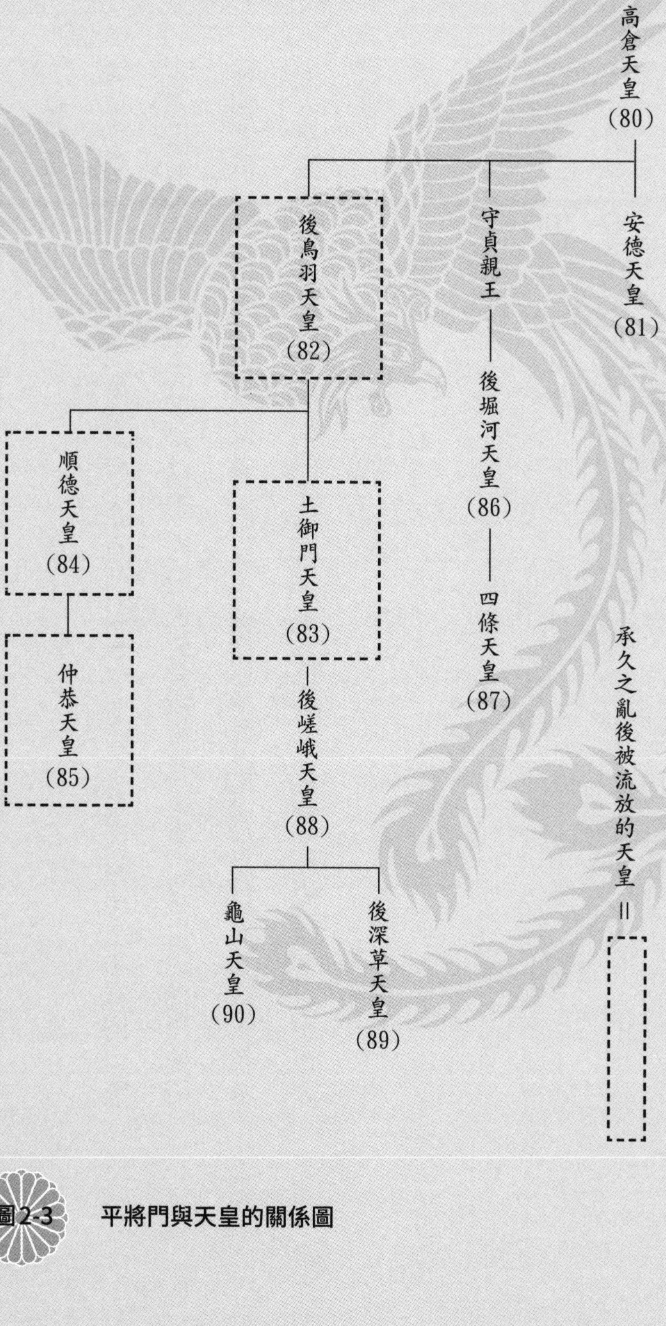

圖2-3　平將門與天皇的關係圖

皇後，由新天皇來處罰舊天皇。承久之亂後一眾天皇被流放，也是由新天皇下旨決定的。

究竟承久之亂對天皇歷史來說有何意義呢？除了是天皇史上少有的大敗北，也使天皇正式成為武士政權下的監視對象和保護人物，其自主權和統治權進一步受到控制。也就是說，承久之亂使幕府得以控制日本全國，包括了天皇政權，確實堪稱為劃時代的重大事件，也為天皇歷史發展帶來重大轉折。

4 天皇的內訌催生了南北朝時代？

(1) 絕無僅有的王家分裂危機

在中國歷史裡，公元五世紀出現「南北朝時代」，八百年後的十四世紀中期，日本同樣有一個「南北朝時代」，但不同的是，中國的「南北朝時代」是來自北方的少數民族入侵中原地區，並且在黃河流域建立了政權，與長江流域以南的漢族政權對抗。日本的「南北朝時代」則沒有外族也沒有敵對的他姓政權，而是出現兩個各擁天皇的朝廷，然後互相否定對方，引發了持續了六十年的內亂。

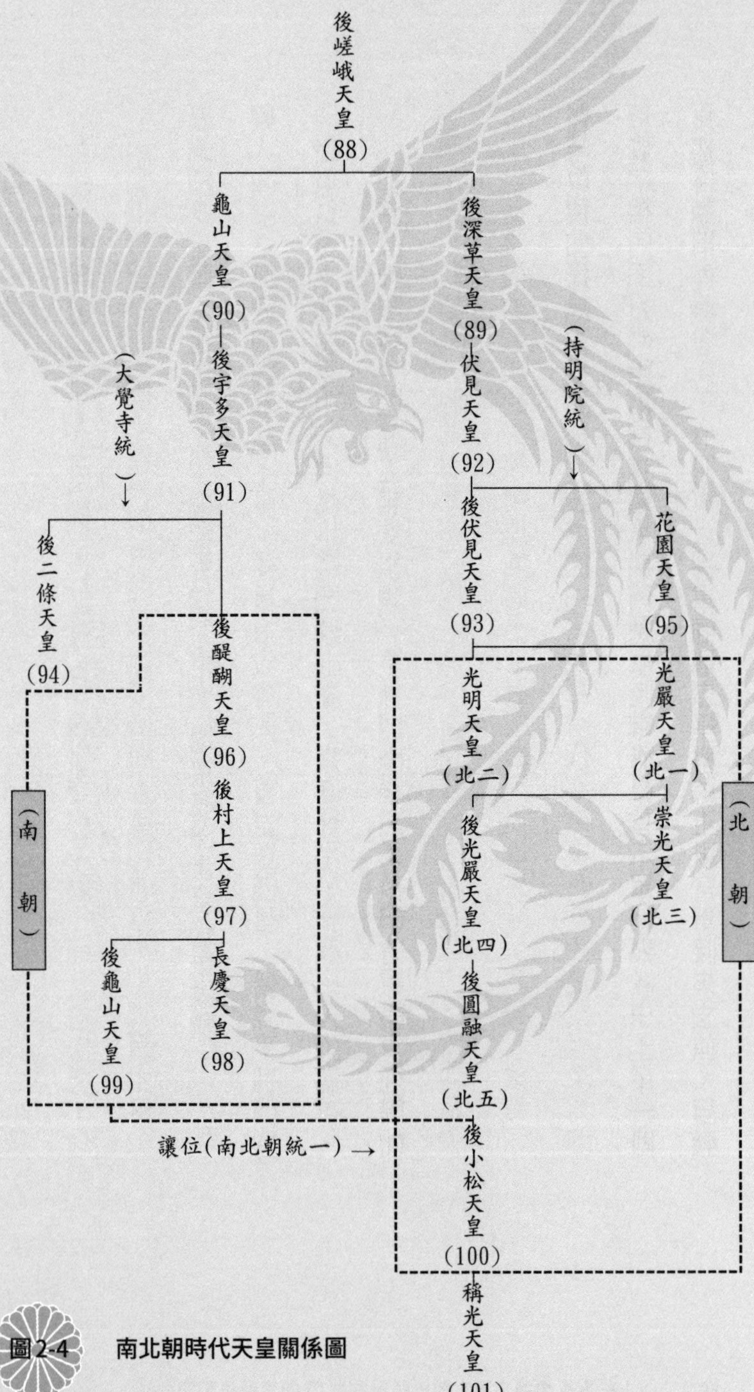

圖2-4 南北朝時代天皇關係圖

為什麼會出現這個日本史上絕無僅有的大危機？要追溯到十三世紀，並且認識一個歷史名詞——兩統迭立。

「兩統迭立」是指在鎌倉時代後期，當時的太上天皇後嵯峨上皇讓兩個兒子成為天皇——兄長是後深草天皇（他的子孫稱為「持明院統」），弟弟是龜山天皇（此脈則稱為「大覺寺統」）。

後嵯峨天皇心中其實希望弟弟繼承大統，但當時年長的後深草已成為天皇，於是以父皇身分讓後深草也退位，由弟弟龜山天皇成為天皇，這先例一開，再下一任的天皇會是誰，便引起朝中關注。可是，後嵯峨天皇在還沒決定下一步時，便已經逝世，當時朝廷裡已有兩個太上天皇—後深草、龜山，在位的後宇多天皇是龜山上皇之子。

鎌倉幕府的執權北條時宗向後嵯峨天皇的寵妃，也是龜山天皇生母大宮院詢問後嵯峨天皇生前意願時，龜山天皇的血脈自然成為必然之選。可是幕府同情後深草天皇的處境，加上正值中國蒙元帝國向日本施壓之際，時宗為免節外生枝，於是決定執行折衷方案——讓後深草上皇的長子成為後宇多天皇的皇太子，即後來的伏見天皇，而後宇多的長子（後來的後二條天皇）則成為伏見天皇的皇太子。自此，後深草、龜山兩兄弟的子孫輪流成為對方的繼承人和候任天皇，讓位後的天皇只能在兒子成為天皇時，才能以太上天皇（當時稱為「治天」，學術上則稱為「治天之君」）的名義握有實際統治朝廷的權限，即「院政」。不過，由於當時強調父子相承，「院政」的開設權只能在自己血脈成為天皇時才得以啟動，對方血脈的子孫成為天皇時，則由其父或祖父來開設院政，成為具有實權的太上天皇。因此，站在任何一方的角度而言，他們都希望自己手下那個名義上的皇太子、對方血脈的天皇趕快下台，換回自己血脈的人來頂上。

顯然，北條時宗這個作法表面上看似維持了朝廷和睦，但實際卻使得後深草、龜山兩家子孫千方百計要扳倒對方，早日實現「皇統一統」的終極目標。可是，礙於幕府以仲裁者的身分平衡兩方，兩家的「心底話」一直難以言明，同時也開始將怨氣和不滿指向幕府。

(2) 挑戰命運的後醍醐天皇

將這情緒表露出來的是屬於龜山上皇血脈（大覺寺統）的後醍醐天皇。後醍醐天皇本來是前面提到的後宇多天皇的次子，後二條天皇的弟弟，原本就沒希望繼承皇位。可是，恰巧兄長後二條天皇早死，他的兒子邦良親王年幼，天皇之位依規定回到持明院（後深草系）的花園天皇手上。按照上面輪流繼位的原則，年長的後醍醐天皇成為了父皇後宇多當時手上唯一的牌，於是，奇蹟般的機會降臨了。

可是，從結果來說，這才是後醍醐天皇不幸人生的開始。由於父皇後宇多仍然屬意已故長子後二條天皇的一脈，即後醍醐的侄兒邦良親王繼承王位，後醍醐天皇繼位充其量只是過渡安排，待邦良親王成年後，後醍醐天皇的「歷史任務」便告完成。

比起其他受兩統迭立影響的天皇，後醍醐天皇顯示出不甘心的態度，剛巧一三二四年一直在背後操控謀劃的父皇後宇多上皇病死，而原本大覺寺（龜山系）的「真命天子」邦良也在兩年後的一三二六年病死，後醍醐天皇的命運又迎來一個新轉機，他只需要考慮怎麼應對持明院系的天皇。

後人感覺後醍醐天皇是一位想打倒幕府，實現王權再興的「異常」天皇。但他一開始想打倒的不是幕府政權，而是兩統迭立的局面，然後實現皇統一統。然而，從結果以及當時的現實來說，要做到這個目標只有兩個可能，一是幕府取消兩統迭立原則，另一個則是打倒幕府。

後醍醐天皇最終決定要推倒幕府，可見他個人意志與執著之烈。經過了兩次起事失敗（一三二四年「正中之變」、一三三一年～一三三三年「元弘之亂」），他終於得到了不滿鎌倉幕府統治的武士響應，並於一三三三年將其消滅，奇蹟似地實現了沒有幕府將軍和攝關干預的「王政復古」，而且否定了持明院系天皇的繼承權。

後醍醐天皇打倒幕府後，如何善後和安撫各個既得利益者的問題，排山倒海而來。結果證明他對此沒有充分的準備，獨自撐起來的「建武新政」經過三年掙扎，終於在怨聲載道下崩盤，被一心想重建武士政權的足利尊氏打敗，第二個控制天皇的幕府政權由此誕生。

後醍醐天皇與他的子孫逃到吉野，與一度被打壓的持明院系天皇和足利尊氏成立的室町幕府繼續抗爭。他結束兩統迭立，結果卻將問題推向更複雜的局面，形成了長達六十年的「南北朝時代」。

5 「日本國王」足利義滿打算篡奪天皇之位？

(1) 最廣為人知的室町幕府將軍——足利義滿

相信不少讀者通過著名日本動畫「一休」認識了室町幕府第三代將軍足利義滿。撇開動畫，義滿也仍然是最為華人所認識的室町時代日本人。不是因為他開創了燦爛的北山文化，使室町幕府走向安定強盛，他被我們記得的最大的原因，是因為他曾被明帝國冊封為「日本國王」，等同代表日本向明朝稱臣納貢。

也因為這個原因，足利義滿在江戶時代後期便被尊王派狠批，他的名字以及他的室町幕府，成為了「輕蔑天皇與國家的逆賊、權臣」的代名詞。又有歷史學家認為義滿打算利用明帝國冊封「日本國王」為大義名分，否定天皇的合法性。這個觀點也影響到兩岸三地，使我們以為他真的是一個想取代天皇，自立為「日本國王」的野心家。真相真的是這樣嗎？我們先簡單介紹這位風雲人物。

室町幕府第三代將軍足利義滿（一三五八年～一四〇八年），在一三六七年繼承父親足利義詮的位置，成為將軍。當時他不足十歲，全賴室町幕府的一眾老臣，細川賴之、斯波義將和其他幕臣輔政，讓他順利接掌大位。

當時，使日本分裂為二的南北朝爭亂已近尾聲，幕府擁立的北朝天皇，其地位已經穩如泰山。到了一三九二年，義滿為首的幕府終於誘使在大和國吉野（現在的奈良縣）和九州負隅頑抗的南朝天皇妥協，承認了北朝天皇的合法性，史稱「南北朝合體」。

在這前後，義滿也分別將威脅幕府的強大諸侯——山名家與大內家打敗，迫使他們成為幕府體制下的藩臣；同時，義滿利用餘威，打壓在南北朝內亂時期大權獨攬的九州探題今川了俊，並迫使一直想併吞幕府的親戚鎌倉公方足利氏滿，再次臣服於義滿和幕府腳下。自此，室町幕府統治下的日本總算回歸和平穩定。那時候，義滿不過二十三歲。

討平外亂之後，接下來的問題便是：足利義滿與天皇和朝廷的關係。身為幕府將軍，又是北朝天皇的保護者，足利義滿早早便身處高階官位，在完全統一日本的一三九二年，他已經是僅次於天皇，與攝關平起平坐的「准三后」（當時的榮譽稱銜，地位僅次於皇后、皇太后與太皇太后，實質上就是地位僅於天皇，與攝白同等之意）。

正所謂「少年得志」，義滿才二十四歲便一帆風順，而且位極人臣。但是，義滿晉升的步伐還沒有停止，他接著在一三九四年將將軍之位讓給了長子，即後來的第四代將軍足利義持，成為了最高官位的太政大臣後，辭去所有官職，又決定出家，法名「道義」，成為一個不受官職制度左右，而且不受俗世之禮影響，卻又手持所有權力的統治者。眼底下，就只有天皇在權威及地位上能與他一拚了。

(2)「日本國王」與天皇

重新統一日本的足利義滿與天皇又是怎樣的關係呢？其實當時的後圓融天皇與足利義滿是同年歲的年輕帝皇，他對於義滿人氣急升、炙手可熱，的確感到不愉快。加上朝廷貴族陸續以義滿馬首是瞻，不少人甚至游走於幕府與朝廷之間，左右逢源。後圓融天皇看在眼裡自然火冒三丈，不時做出一些過激行為，例如懷疑自己的妃子與義滿有染，於是發生「家暴」事件，對妃子拳打腳踢，被群臣發現後，又突然揚言要自殺了斷，更因為不滿貴族向義滿獻媚，於是「罷工」不上朝。

但諷刺的是，正因為天皇的「超個性」行為，導政朝廷運作不時出現問題，最終導致朝臣向權傾天下的義滿求助，結果間接地提高了義滿的地位與威望。

而且，後圓融天皇駕崩後，義滿認為新上任的後小松天皇父母雙亡，為國家不幸，於是讓自己的妻子當上了天皇的義母，自己則成為了天皇的監護人。他利用這個機會提高自己的規格，各種儀式都按照天皇的等級來進行。義滿死去後，朝廷更主動追封他為太上法皇（出家的太上天皇），但遭到幕府拒絕。然而，這些行為都被質疑義滿有奪國野心的歷史學家，列為罪證。

對於這批歷史學家，以及認為義滿有心篡奪天皇之位的人來說，最重要的證據莫過於他向明朝稱臣，受冊封為「日本國王」。當時，明帝國曾在日本仍處於南北朝分裂的時候，派使者到九州，要求當地的南朝勢力打擊猖獗的海盜行為。這個消息輾轉傳到了義滿耳中，使得他與幕府擔心外國以為南朝才是日本的代表權力。

到了一四〇一年，已經位極人臣、結束南北朝的義滿，終於向明朝派出使者，要求交流和進行貿易。當時他使用的頭銜是「日本准三后源道義」，完全是「日本製造」的頭銜，明帝國對這個稱號完全不理解。明帝國只接受其他國家以國王為代表，向明帝國稱臣，也對於日本的官制毫無認識，於是回信時便冊封了義滿為「日本國王」。

義滿和幕府希望與明帝國交流和貿易，現在也理解了明帝國的「遊戲玩法」，兩年後（一四〇三年）便決定順應明帝國的要求，上表自稱「日本國王源表，臣聞……」，在外交文書上甘願自稱為臣，接受明帝國的冊封。

這似乎是明明白白的賣國、欺君行為，但我們要理解，「日本國王」之稱在當時的日本國內屬於極祕事項，而且只限在幕府寫給明帝國的外交文書上使用。幕府與義滿從一開始便沒有打算讓國內的權貴知道這件事。他們這樣做的原因，是因為接受冊封才能與明帝國交易，並不打算利用這個封號在國內耀武揚威。

在當時貴族們的歷史觀裡，日本從沒有向中國稱臣的紀錄，也不存在這種觀念。義滿與他的幕臣，還有當時的武士、貴族尊崇天皇為神聖存在的意識深入骨髓，從史料裡未曾看到他們有過否定天皇的記載。而且，義滿即使真的想利用這方式改變制度和歷史，也難以獲得人氣。

無論如何，義滿在日本國內外的舉動的確使他成為日本的國家代表。但是，藉國外勢力來否定天皇不太現實，而在國內要靠權臣之身去否定天皇，又沒有合法的依據。最後，義滿在一帆風順之下突然逝世，所有的問題都成為不解之謎。眼下質疑義滿有意取代天皇的說法，也只能說是「誅心」的陰謀論了。

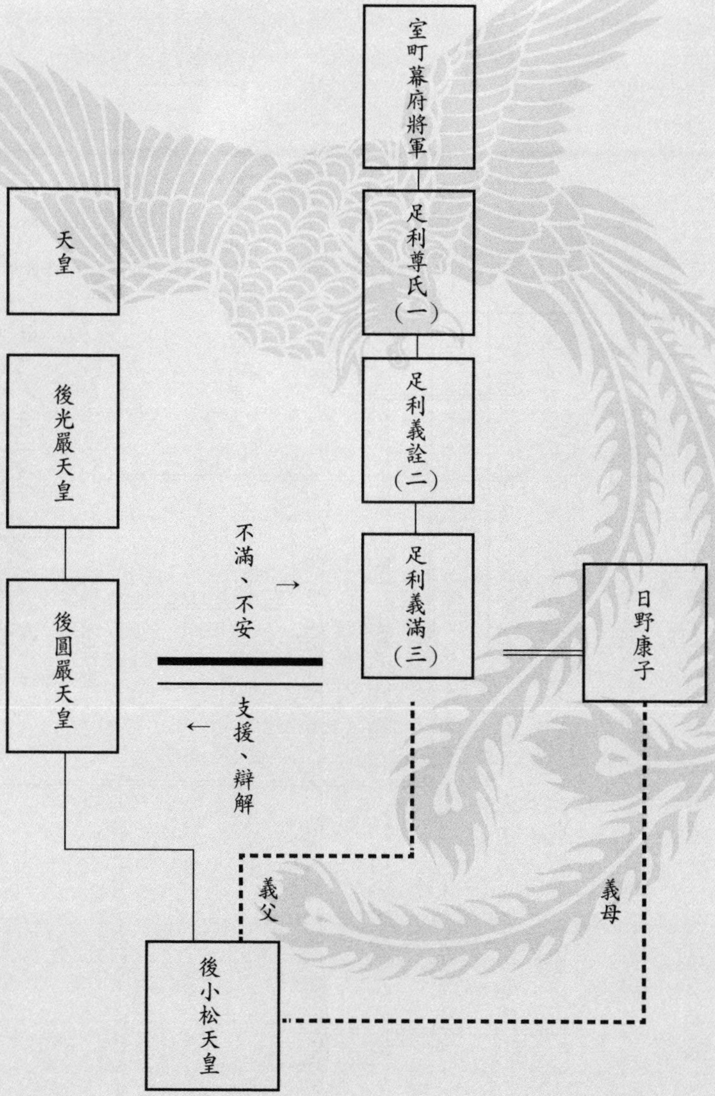

圖2-5 後圓融天皇與足利義滿的關係

6 戰國時代的天皇有多潦倒？

(1) 天皇的戰國時代

說到戰國時代，不少人可能立即想到盤踞日本各地的戰國大名怎樣叱吒風雲、馳騁天下，當時身處京都的天皇卻一直寂寂無聞，彷彿與戰國時代毫無交集。這當然是因為我們都認為天皇在那時候是沒有權力的政治象徵，只是接受室町幕府，以及後來的戰國大名，還有三個「天下人」——織田信長、豐臣秀吉和德川家康——供養的存在。

而且，受到遊戲和小說影響，不少人聽過以下的說法：那時候曾經有天皇靠賣自己寫的字畫，以及賣官鬻爵給戰國大名，來賺錢為生；又或者有說法指出天皇駕崩後遲遲不能下葬，最終遺體在盛夏氣候裡發臭發脹，歷時良久才湊足錢舉行葬禮。

這種理解和說法均不能說完全正確，有些更是誇張其事、道聽塗說。活在這剛好一百年的戰亂時代裡的四位天皇，努力地排除萬難，以免祖業喪於己手。究竟這四位天皇怎麼走出困境，使天皇制得以繼續發展呢？

(2) 活於戰亂的四位天皇

關於戰國時代的始終，到目前仍然有不少爭論，但大體而言，是十五世紀末至十七世紀初的一百多年，剛好橫跨四位天皇在位的時期——後土御門天皇、後柏原天皇、後奈良天皇和正親町天皇。後土御門天皇即位於一四六四年，三年後便爆發了著名的「應仁．文明之亂」（一四六七年～一四七七年），而最後的正親町天皇則在豐臣秀吉統一日本前四年（一五八六年）讓

代數	天皇	生沒年	在位期間
103	後土御門天皇	1442--1500	1464--1500
104	後柏原天皇	1464--1526	1500--1526
105	後奈良天皇	1496--1557	1526--1557
106	正親町天皇	1517--1593	1557--1586

表2-6 「戰國四天皇」

位給孫兒後陽成天皇。

換句話說，後土御門天皇的治世剛好是室町時代走向衰亡的前夕，而正親町天皇的讓位則標誌著戰國時代已走入黃昏，處於兩者中間的後柏原天皇和後奈良天皇則經歷了戰國時代最混亂的歲月。

除了活在亂世，戰國時代的天皇與其他時代的天皇，最大的分別是「終生在位」。那時候的天皇直至四百年後明治維新為止，生前讓位是理當所然的作法，為了確保自己選定的繼承人繼承大統。可是，在戰亂頻仍的戰國時代，天皇與朝廷的保護者室町幕府早已自身難保，沒有餘力去供養天皇，幕府將軍因為捲入戰亂，經常轉戰於京都的外圍。

失去了靠山和「贊助人」的天皇被迫離開常住的皇宮，到京都內其他地方避難。事已至此，為了活命和保持朝廷運作，以天皇為貴的京都貴族只能靠自己闖出一條活路，以保朝廷不會與幕府一起滅亡。

隨著戰亂持久，情況越來越不利，朝廷因為缺乏幕府提供資金而運作不了，陷入停擺狀態。不僅如此，四位天皇的生活開支所需也因為沒有支援而出現困難。天皇與朝廷貴族只好減少各種聖俗儀式，或者將儀式規模縮小，小規模的就乾脆停辦，以求度過時艱。其中最受影響的便是天皇的葬禮和新天皇的即位儀式。

「戰國四天皇」的第一代後土御門天皇在一五〇〇年去世，他的喪禮受到戰亂影響，足足拖延了四十三天才完成。他的繼承人後柏原天皇在一五二六年死去，喪禮同樣因為戰亂和經費問題延誤了二十二日，下一任後奈良天皇的喪禮則足足等了七十七日才完成。

另一方面，天皇的即位禮自後柏原天皇起，相關儀式如大嘗祭（詳見第二部第一章4問）等一律停辦。即便是從簡後的即位禮，也足足拖了二十年又六個月才順利完成，那時的後柏原天皇已經是半百老人了。而他的繼承人後奈良天皇和正親町天皇的即位禮雖然只拖了數年時間就完成，但也肯定成為兩人的人生污點。

做為一國之君、天神的子孫，連即位登極和下葬舉喪這種大事，都因為戰亂而沒有辦法順利完成，足見戰國時代的天皇算是處於一千多年天皇史的谷底，那是天皇史的「黑暗時代」。

(3) 天皇的戰時經濟學

雖然極盡潦倒，但正所謂「絕處逢生」，四代天皇都想辦法來度過困局。其中一個重要的方法，便是積極與當時崛起的戰國大名交流。從前室町幕府仍然強大的時候，朝廷與天皇根本不會與地方諸侯積極交流。然而，幕府已經危在旦夕，新崛起的戰國大名也急須獲得權威來確保霸權獲得正當性，除了將軍，沒有比身為「天神子孫」的天皇更尊貴的權威了。因此，天皇與大名一拍即合，天皇通過授予官位來換取獻金，挽救瀕臨破產的財政。

不過，如果戰國大名出身太低或出價太低，天皇也還是有節操，不會輕易答應。事實上，「戰國四天皇」中的後奈良天皇多次為賣官鬻爵，感到莫大罪惡感。為了生存，天皇們做出了很大的改變，違背自己的良心，承受道德責備。

另外，當時天皇與宗教界有較緊密的來往，各寺院的新任住持最終都想通過天皇下令承認來獲得保障，他們也會獻金。朝廷的貴族也會到處奔走，為自己、朝廷和天皇籌措財源，曾有貴族向後奈良天皇求要天皇手寫的佛經，做出門保平安之用，之後卻轉售給地方的大名圖利。

這個故事成為我們常聽到「天皇賣字畫謀生」的故事原型，其實並非如此。天皇寫佛經給貴族是事實，但其實沒有變賣之意。但從結果看來，天皇靠著貴族的智慧，與各地方勢力建立了關係。

天皇與貴族這種赤裸裸地求生之道，一直到七十年後（自後土御門天皇於一五〇〇年駕崩起算），織田信長於一五六九年擁戴室町幕府第十五代將軍足利義昭上京任職，才算告一段落。

7 天皇與織田信長、豐臣秀吉的關係如何？

(1) 信長忠於天皇還是想取代天皇？

提到織田信長，一般讀者都會想起他殺人如麻，是遇神殺神，遇佛殺佛的亂世梟雄。而在戰國時代無力至極的天皇，究竟如何與占領京都後的信長相處？

從前，有人認為以信長的火爆性格來看，必然會「霸凌」天皇，予取予求；天皇也一定對信長恨之入骨。但是，隨著研究進展快速，這種推測已經成為過去了。

其實，織田信長出身的織田家早已與天皇有聯繫。他的父親織田信秀更曾贈送禮錢給當時的後奈良天皇，以解朝廷的財政困難，後奈良天皇也曾下賜禮物給信秀。因此，在信長進出京都之前，織田家算是與天皇建立了基本關係。不過，正所謂「一朝天子一朝臣」，後來天皇換成了正親町天皇，信長也取代了父親馳騁天下，關係算是從零開始。信長進京時還曾經讓已經受夠了戰火打擊的天皇與朝廷感到害怕，以為又是來此搗亂的人。

事隔數年，信長在一五六九年與室町將軍足利義昭入京實行統治，到了一五七三年，信長迫使義昭離開京都後，便正式接管了京都，與天皇開始進行全面的交流。在那時候，信長與天皇的關係總體而言還算是良好的。例如很多人知道，「天正」是信長向朝廷提議使用的年號，但卻不知道更改年號的意願是天皇先提出的。前一個年號「元龜」為時三年多，但因為連年亂及京都，於是天皇便向將軍足利義昭與信長提議更改年號，希望轉換景象。等義昭逃出京都，信長完全控制京都後便立即回應了天皇的要求，向朝廷提議改年號。

第二個例子是實現天皇讓位的承諾。平安時代以來的天皇政治思想中，天皇生前讓位，然後實行院政、輔導新天皇，是最理想的作法。這是為了確保天皇指定的繼承人順利在上皇的保護下，安全接班，然後由上皇身居幕後，打點一切。我們在前文提到，戰國時代的天皇因為沒有經費進行讓位典禮，就連籌辦天皇葬禮、即位之禮都有困難，最終正親町天皇之前的兩位天皇都老死在天皇之位上。

信長接管京都後，很快便向朝廷承諾，自己將大力協助天皇實行讓位的心願，又大量獻上金錢和物資，讓貴族和天皇開心不已，高呼「朝家再興」。當然，信長這樣爽快回應，除了他個人的意願外，也是因為要盡快找到統一天下的正當性，漂白他趕走了足利義昭的不忠污名，可謂互惠互利。

信長也利用了控制京都的機會，開始整頓朝廷的風氣。在前一問裡提到戰國時代的天皇與貴族為了謀生，可謂「節操」見底，使得大量濫發官位，貪腐讓利等問題叢生，而且最重要的是貴族們就連奉仕天皇的工作也沒有做好，經常曠職，甚至在天皇不知情的情況下偽造聖旨，損害天皇權威。

信長曾明言：「天皇聲譽不好的話，我也毫無面子。」因此，等他穩定京都後便開始介入朝廷，處理了這些瀆職懈怠的貴族，而且在一五七五年向朝廷公布了「公家法度」，改革貴族風氣敗壞的惡習流弊。

信長的改革和財政支援，終於使朝廷從潦倒窮困的谷底逐漸反彈。為此，天皇與朝廷眼見信長快要統一天下，便提議讓信長選擇當將軍、關白或者太政大臣。然而，在信長死於一五八二年的本能寺之變後，朝廷又再陷入不安。不過，新「救世主」很快便出現了。

(2) 相敬如賓的天皇與秀吉

繼承信長遺志照顧天皇的人，就是打敗明智光秀，成功為信長報仇的豐臣秀吉。對於平民出身的秀吉來說，要立即與天皇建立關係談何容易，好在有一批貴族為秀吉出謀獻策，為他與天皇之間建立了橋樑，而且神速讓他在一年半內連升五級，位列貴族。

結果，秀吉終於在一五八五年成為關白（與太政大臣並列最高的官職），以天下霸主的身分與天皇建立更緊密、更順理成章的關係。到了一五八六年，雙方互派使者定期溝通，正式建立了穩固的溝通平台。

秀吉照顧天皇是不是比信長更周到呢？答案是肯定的。首先是前文提到的天皇讓位一事，秀吉終於在成為關白之後的一五八六年，協助正親町天皇讓位給孫兒後陽成天皇、當上太上天皇（上皇），恢復天皇制度應有的模樣。

接著，秀吉又下令恢復保護貴族和天皇的御領，繼續重建天皇和朝廷的財政狀況。不過，秀吉這個橫空而出的權力者——天下人，突然搖身一變成為了武士關白——打破了千年來朝廷由攝關藤原家把持的常規，對貴族們的衝擊自然十分巨大，不少人敢怒不敢言。

可是，秀吉的回應不是血腥鎮壓，而是在天皇與貴族面前，進行全面的家世調查，重新確定各貴族在朝廷的地位，讓貴族起碼在表面上服氣。

還有，為了藉助天皇在諸侯和貴族面前展現自己的權威，秀吉利用了天皇的信任，獲得統一天下的正當性，為了讓自己創立的政權更為特別，秀吉便求天皇賜自己和家族新的氏姓「豐臣」，並列在傳統的源、平、藤原和橘四家之中，完美地締造歷史。

為了「回禮」，秀吉便修建日久失修的皇宮和上皇居住的御所，另外多次宴請天皇出席盛大的茶會與和歌會，協助天皇回到從前的光輝歲月。

以上所見，信長與秀吉一方面以忠於天皇為己任，一方面也利用重建天皇權威，為自己與手中的政權「貼金」，找出一個樹立新政權體制的模式。

換言之，在後來成立的德川幕府出現前，信長、秀吉和天皇曾經有機會摸索出一條新的政治體制道路。可是，最終都沒有成功。但即便如此，我們可以肯定天皇是造就兩人稱霸的不可或缺的元素，而天皇和天皇制也多虧他們而獲得重生。

第三章

概說天皇的歷史

（近世近代篇）

1 德川幕府的《禁中並公家諸法度》是用來箝制天皇的法規嗎？

(1) 德川幕府發布的三部法度

天皇家熬過戰國時代的洗禮試煉，到了織豐時代，受惠於織田信長與豐臣秀吉的幫助，而兩人基本上也對天皇恭敬客氣，天皇終於重新迎來了「春天」。以往衰微頹喪的朝廷也慢慢恢復過來，人心回歸，儀式重來，一切好像都很美好。

德川家康奪取天下之後又如何呢？一六一五年的大坂夏之陣（消滅豐臣

政權的戰爭）後，再無勢力構成威脅，德川幕府便隨即發布了《禁中並公家諸法度》，明文規範天皇、朝廷與公卿貴族的行為。

這部著名的法制是不少人研究德川幕府與朝廷關係的基本材料。但早在它出現前，德川幕府已在一六一三年對朝廷與重要佛教寺院發出了《公家眾法度》和《敕許紫衣法度》。《公家眾法度》有三大重點。

第一，幕府嚴格要求京都的公卿貴族（主要針對高級以下的普通貴族）要專事學問，以保家業長久。

第二，要貴族們守法自律。

第三，要求公卿恪守「天皇之臣」的職責，在皇宮和天皇面前要勤務辦差，不可懈怠。

一旦貴族們違反以上三點要求，幕府將代天皇對他們進行處分。

《敕許紫衣法度》則是針對佛教的法規。「紫衣」是高級僧侶才可穿著的紫色袈裟，這法度就是任命高僧的規定法制。本來，寺院高級僧侶的任免權，握在天皇手上，但通過這部法令，幕府以「受天皇委託」的名義，插手天皇與宗教界的關係，強制代理天皇與佛教界接洽。包括天皇的家寺「泉涌寺」在內的七所京都重要佛教寺院，其住持向朝廷申請「紫衣」許可之前，必須接受幕府檢查，然後才可由朝廷任命。（泉涌寺因為與天皇淵源太深，後來獲得豁免。）

以上兩部針對貴族與重要佛寺的規定，可以說是幕府加強控制朝廷的先聲，以及為後來的《禁中並公家諸法度》鋪路，以免太過突然，使幕府與天皇、朝廷的關係，在豐臣政權滅亡後頓時進入緊張狀態。那麼，長達十七條的《禁中並公家諸法度》究竟是不是如一般指摘所說，是一部德川將軍箝制天皇行動與權力的法規呢？答案是肯定，也是否定。

以肯定的角度來說，直至江戶時代，的確還沒有一部法規，是由天皇以外的權力體明文指出天皇、朝廷貴族應盡之責。以前只有天皇或太上天皇以「前輩」、「經驗者」身分告誡子孫而已。

(2) 幕府與天皇並非對立

以否定的角度來說，《禁中並公家諸法度》是一部江戶時代版的《皇室典範》加「朝廷業務守則」。細看與天皇相關的內容，我們便可發現主旨不是「限制」天皇的權力，而是以白紙黑字使天皇「回歸」應有的位置，甚至可以說是「恢復」天皇應有的功能。

例如，經常被引用的《禁中並公家諸法度》第一條提到：「天子諸藝能之事，第一御學問也。」這裡的「學問」是指「讀書」與「和歌」，而且是飽覽中國的經典著作，以及成為和歌界的最強歌人。這些規定看似是幕府堆砌的理由，但本書第二部第三章1問將會提到，早在平安時代就已經存在類似的規定。

雖然對那些認為「天皇必須是最高權力者」的人來說，第一條的主旨從表面看來，的確像是幕府干政的條文，但那其實是斷章取義。而且，發布《禁中並公家諸法度》的人是幕府與時任的關白，是雙方達成協議後的產物，不是幕府一意孤行的「霸王條款」。

再說，法例上雖然明訂幕府有處罰貴族的權限，但從後來的真實例子來看，不僅雞毛蒜皮之事的處罰權都在朝廷手上，大的違法也由朝廷最高領導關白、攝政與幕府商議後，再由關白、攝政執行。幕府表面上握著最高權限，但卻不曾輕易使用。

更重要也是最基本的，幕府制定《禁中並公家諸法度》的背景原因，是因為由戰國至織豐時代以來，長達一百多年的混亂致使朝廷的規則鬆散不堪，而舊時天皇與貴族為了謀生而放寬規範的問題，也廣泛出現在史料之中。對於已然統一天下的幕府而言，利用法制整理朝廷秩序，回復其應有狀態，以及恢復天皇本來的理想狀態，皆能為幕府建立權威，使朝、幕以及各藩信服，最終使幕府獲得了統治的大義名分，君臨天下。

對於天皇而言，與幕府磨合的確不甚愉快順暢，致使當時在任的後水尾天皇最終以讓位的方式向幕府表示抗議（詳看下一問：為什麼江戶時代重新出現了女天皇）。

不過，天皇讓位後，隨著幕府做出一定退讓，與天皇的關係也得以改善，除了後水尾天皇當政時代，以及幕末動盪時期，基本上天皇、朝廷與幕府的關係都能維持良好、協調的合作關係。其中一個重要的跡證便是靈元上皇時，評價幕府將軍有「重朝家之心」，又說可以借幕府之力復興朝廷，重振綱紀。

可見，後世認為幕府與朝廷處於對立，幕府將軍「霸凌」天皇的觀點，既是受明治維新以後的史觀影響，也是由於不少人都視天皇為唯一的最高權力者，視幕府體制為不正常，所以無視了歷史事實。

2 為什麼江戶時代重新出現了女天皇？

(1) 女帝再現——明正天皇

在第一部第一章5問，已經向讀者說明古代出現六位女天皇的原因，以及她們的特別之處。剩下來的兩位女天皇均出現在八百多年後的江戶時代，她們是明正天皇和後櫻町天皇。為什麼她們事隔數百年後，又被擁立為女天皇呢？與六位先祖又有什麼不同？

明正天皇是自神武天皇以來第一〇九任天皇，她是後水尾天皇之女，母親是德川幕府第二代將軍德川秀忠的五女兒，名為德川和子。換言之，明正天皇身上流著幕府將軍德川家的血，其身世背景完全與古代的女天皇不同。古代的女天皇都擁有雙重皇族血統，既是公主，又是天皇妻后。但明正天皇既不是皇子，身上也只有一半的皇族血液，為什麼會當上天皇呢？

其實，明正天皇根本不是繼承天皇的人選，她的父皇後水尾天皇，與母家德川幕府的關係一直不甚良好。明正天皇繼位的十五年前，德川幕府滅亡了豐臣家，奪取了全日本的統治權。

接下來，明正天皇的外祖父，也就是德川幕府第二代將軍德川秀忠，為了鞏固幕府的威信，延續亡父德川家康的路線，加強對天皇家與朝廷的控制。當時已經成為後水尾天皇中宮（皇后）的和子，在不久後生下了皇子高仁親王（明正天皇之弟），秀忠本應像當年的藤原道長和平清盛，以天皇外戚的身分權跨公、武兩方。可是兩年後，高仁親王夭折而死，和子後來也沒再生下皇子，秀忠的計劃完全化為泡影。另一邊的後水尾天皇也因為不滿德川幕府得寸進尺，對朝廷過於強硬，於是趁著高仁親王夭折之機，突然將皇位讓給了明正天皇，自己成為太上天皇，以發洩對德川家的不滿。

換言之，明正天皇的繼位完全是父皇發洩不滿的結果。跟古代一樣，沒有多重皇族血統的女天皇不能結婚，因此明正天皇鐵定不能有後代，同時生母德川和子之後也再沒有生下男嗣，因此明正天皇的繼承人只能是沒有德川家血脈的皇子。

更諷刺的是，後水尾天皇成為太上天皇後，卻與其他妃嬪生下多個皇子，彷彿就是要向幕府表示不認輸，不接受幕府的「計劃生育」。因此，天皇讓女兒明正天皇完成她的任務（向幕府示威）後，皇位便轉到沒有德川家血脈的異母弟弟後光明天皇的身上。一直強勢的幕府也只能妥協，讓後光明天皇以和子的養子之名成為天皇，勉強保住了顏面。

(2) 最後的女帝——後櫻町天皇

相隔一百三十三年後，江戶時代再次迎來了女天皇後櫻町天皇（第一百一十七任），也是目前日本史上最後一位女天皇。不過，後櫻町天皇即位的原因與朝廷、幕府的政治鬥爭無關，可說完全是無奈之下的緊急措施。

比起明正天皇盤根錯節的繼位原因，後櫻町天皇繼位的過程，卻與現時的日本皇室情況頗為類似。後櫻町天皇的父皇櫻町天皇，膝下只有後櫻町天皇與她的弟弟——桃園天皇——兩人。櫻町天皇死後，皇位已然交到了弟弟手上，不巧他早死，膝下只有兩名年幼的皇子，而且較小的一名皇子早已約定成為傍系親王家的養嗣子，不符合繼承皇位的資格。

至於年長的皇子英仁親王仍然年幼，不知能否長大成人。為了避免年少天皇無嗣夭折的可能，朝廷決定先讓後櫻町天皇當上天皇。而且，為了安全成事，朝廷以桃園天皇「遺願」的名義，通知了幕府。面對突如其來的女帝登基，幕府最終同意的原因也是因為已有明正天皇的先例，明正天皇本身也算是德川家的近祖，故難以否決，加上考慮到當時天皇家的確有難處，於是予以同意。

最終，眾人一直擔心不能順利長大的英仁親王健康成長，朝廷與幕府也按照計畫，在英仁八歲時讓他即位成為新天皇，也就是後桃園天皇。後櫻町天皇則順理成章的成為了太上天皇，繼續守護自己的侄子。

值得一提的是，江戶時代女天皇的特殊性。江戶時代，儒家「男尊女卑」的思想隆盛，女天皇因為不可產下含有他家血脈的子嗣來繼承大統，從一開始便被認為是不完美的存在。就算是朝廷支配方面，也必須由關白以攝政的名義代辦，兩位女天皇比起江戶時代的男性天皇，更像花瓶、裝飾品。

從以上的過程可見，明正天皇與後櫻町天皇的誕生是諸多困難同時出現下的折衷之策，後櫻町天皇的即位更是百般無奈。朝廷與幕府本來便沒有想讓女天皇再出現，因此當英仁親王順利長大，問題危機解除後，女天皇從此成為絕唱，走入歷史大河。

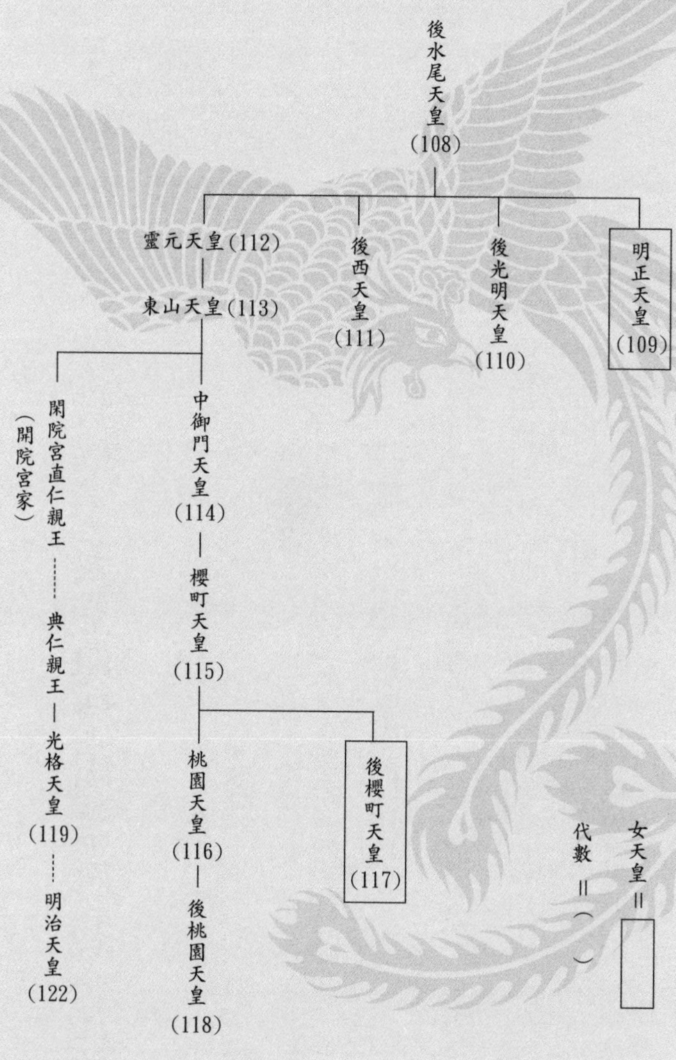

圖3-1 江戶時代的天皇系與女天皇

3 哪兩個事件動搖了天皇與德川幕府的合作關係？

(1)「寶曆事件」——挑戰《禁中並公家諸法度》

前一問提到，天皇與德川幕府除了初期的磨合，雙方的關係大抵維持良好。然而，踏入江戶時代中期（十八世紀中期），蜜月期已過，大大小小的問題隨著時代與人事的更替而慢慢浮現。接下來要談到兩個事件。

第一個事件是發生在一七五七年（寶曆七年）的「寶曆事件」。簡單來說，就是京都朝廷的下層貴族嘗試挑戰當年幕府與朝廷訂立的《禁中並公家諸法度》。

前文提到《禁中並公家諸法度》的第一條，規定了天皇要專心於學問與和歌，以恢復古來天皇應有的職能和本分。專心於「學問」是指各種中國傳來的政治典籍，至於日本的傳統典籍，如《日本書紀》則屬於次要的學問。正所謂規矩是由人來定，也是由人來改變的。即使這個訂於初期的規定僵化，而社會的身分階級基本維持不變，卻不能阻止江戶日本的社會觀念出現變化。

十八世紀中期，人們對僵化的身分階級以及千篇一律的生活，開始感到厭倦，中下級武士、百姓與下級貴族都對現實感到不滿。而且，當時對外貿易受到嚴格限制，日本國內的內需已經到達瓶頸，最重要的消費品和交易品——米——的價格又受天災影響而越來越貴，不論是武士、貴族，還是百姓，都出現經濟困難，無法安穩生活。

終於，各地百姓發起暴動，拒交田租，下級貴族則以投閒置散的方式進行消極的抵抗。他們由言語上的頂撞到實行曠工，希望獲得改變的機會。這些下級貴族們受到當時強調「日本優越不凡」的國學影響，進一步質疑《禁中並公家諸法度》尊崇中國古典的基本態度。

一七五七年，垂加流神道（重視神國思想的神道流派）一位出身下級貴族的神道家竹內敬持（式部），連同受其影響的幾個中下級貴族，偷偷地向當時的桃園天皇講授重新解釋、立註過的《日本書紀．神代卷》，強調日本從神話時代起建立國家的過程，以求天皇理解他們想像中國家理想的樣子。成事之後，謀求天皇重用，獲得進入上流的機會。

這些人的行動很快便被最高級的貴族——關白近衛內前——發覺和制止。不過，他們很快又聚集了一些志同道合的少壯派下級貴族，打算再次挑戰。幸好當時的桃園天皇年輕而好奇心重，對他們的講法意猶未盡，半年後，又聽這些貴族講學。

最終還是紙包不住火，關白近衛內前等高級貴族得知他們死不悔改後，決定要實施重罰，以保證實行至今的秩序可以維持，也阻止下級貴族越過他們搭上天皇，做出過激行為。其實他們最大的擔憂是，一旦事件不在早期及時撲滅，等傳到幕府耳邊，難保不會出現朝廷難以控制的局面。

結果，關白為首的高級貴族及早下手，天皇雖然沒有受到牽連，但慫恿天皇參與的貴族分別處以罷免、去職和軟禁在家的懲罰，始作俑者竹內敬持則被處以較重的逐京之刑（終身禁止回到京都）。

為什麼「寶曆事件」會受到關注呢？那是因為事件中涉事的下級貴族雖然被處罰，但是他們心裡受到提倡尊皇、神國的近世神道影響，對現有的朝幕關係與制度萌生質疑（後來甚至有推翻之意）。

雖然「寶曆事件」被暫時壓下，但是與他們志同道合而不在明處行動的貴族，以及活躍於武士階級下層的武士卻受到影響，越來越質疑現有體制。這些不滿成為後來「尊皇攘夷」中最激進的聲音，將幕藩體制與朝幕合作視為敵人。

(2)「尊號一件」——被否定的天皇孝心

另一個打擊天皇、朝廷與幕府關係的大事便是史稱「尊號一件」的事件。前文的「寶曆事件」來自於朝廷下級貴族，對天皇的影響不算直接，但「尊號一件」則直接導致天皇與幕府關係出現裂痕。

起因與當時天皇家出現繼承危機有關。一七七九年，後桃園天皇（桃園天皇的繼承人）英年早逝，其後沒有男性繼承人。朝廷與幕府決定不再擁立女天皇，改為冊立出身王族傍支，分屬後桃園天皇遠房堂弟的男性王族為君，即著名的光格天皇，他當時只是八歲的小孩。

十年後的一七八九年，十八歲的光格天皇藉著正式執政的機會，希望利用自己的權力，讓自己的生父典仁親王獲得太上天皇的榮號，聊表孝順之念。但是，幕府以典仁親王不是天皇為理由而否決。

問題的關鍵還是與《禁中並公家諸法度》有關。第二條規定指出禮法上親王的地位和待遇次於關白、攝政。所以即使貴為天皇的親生父親，典仁親王也只能與其他親王一樣，向關白、攝政低頭行禮，不能被百官尊敬，同時也不能開設院政。這個嚴酷的規定對身為人子的光格天皇而言，是沉重的打擊。

原本獻贈尊號給自己父親，理應是天皇獨斷專擅之事，又是盡致倫常天理的行為，但是基於朝幕合作的基本原則，以及實際主導權在幕府手上的現實因素，必須得到幕府同意才能成事。如今幕府一聲否定，頓成泡影。

可是年輕的天皇，與朝廷中同情天皇心情的貴族，堅持己見，多次要求幕府答應，卻被「既讀不回」。三年後的一七九二年，不滿之情到達沸點的天皇，決定召集中上級貴族到御前，要求他們集體表態，打破了由攝關做全權代表的慣例。結果，主張慎重的攝關成為少數派，附和天皇的中級貴族中山愛親，還有支持他的一眾貴族則決定鋌而走險，在沒有攝關和幕府的同意下，單方面決定獻贈尊號。幕府得知後既震驚又不滿，使得朝幕關係陷入前所未有的低點。

面目無光的幕府終於以處罰來強硬表態，幕府使者到京都後，在攝關的協助下處罰了中山愛親等貴族。這個結果與「寶曆事件」一樣，表面上似是解決了問題，但一眾不滿卻持續發酵，朝廷內部的憤恨繼續累積。

經歷這兩個事件後，朝廷內部已經確實種下半世紀後反幕府體制的種子。可見，後來的倒幕運動不只是一小撮下級武士（如坂本龍馬、西鄉隆盛等）的妄想，這股經過上百年積累的「負能量」，由「黑船叩關」引燃，成為一股強大動力，將幕府體制推向終結。

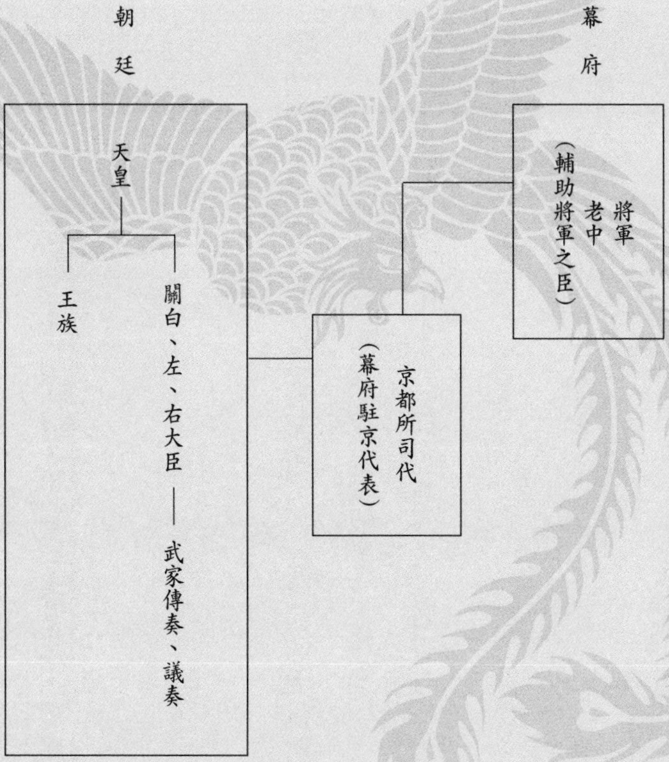

表3-2　江戶時代朝廷與幕府的通報機制略圖

4 孝明天皇為什麼曾經堅持排外攘夷？

本章的1、2問已經為讀者說明了江戶時代的天皇如何與將軍打交道，3問也提到了孝明天皇的祖父光格天皇銳意重振朝綱與天皇家的權威，與幕府關係一度緊張。接下來這一問，將為大家解說光格天皇孫兒孝明天皇的「攘夷」觀。

(1) 難以評斷的孝明天皇

孝明天皇（一八三一年～一八六七年）是日本第一百二十一代天皇，也是明治天皇之父。隨著近年的「幕末熱潮」，不少人也認識這位天皇。在大多數的介紹裡，孝明天皇的形象都是差不多的——保守頑固又不會變通。這個形象，來自當美國先後兩次派艦隊來日本要求通商時，他一直堅持「攘夷」，拒絕和批評江戶幕府決定讓步的「開國」方針。不過，後來發生的「禁門之變」（長州藩中的激進「尊王攘夷」派發動的武裝衝突，又稱「蛤御門之變」、「元治之變」），又使天皇改變方針，堅持既要「攘夷」，也繼續與幕府保持良好關係。

明治維新後，日本人對孝明天皇拒絕開國，公然與幕府對抗，普遍出現兩極評價。一邊是站在天皇權威上升的角度，認定孝明天皇是一位勇敢有膽識的君主；另一邊是站在開國進步的史觀角度，認為天皇輕視當時的危機，是昧於時勢的強硬保守分子。在此先不論誰對誰錯，這兩種評價其實有一個共通點——天皇堅持「攘夷」。為什麼他對外國人那麼反感呢？

(2) 孝明天皇對開國的恐懼

一八五八年一月十一日，天皇寫信給關白九條尚忠，提到了對於「被開國」的憂慮：「若從朕之一代發生了那樣的事（開國通商），可謂後代子孫之恥辱……對各代祖宗之不孝，朕將無處容身，十分憂懼。」

孝明天皇真正懼怕的是自己同意開國的先例，會玷辱祖宗英名，為後代子孫帶來難以磨滅的恥辱，他不想當這個「遺臭萬年」的罪人。那麼，為什麼天皇視「開國」為不孝和恥辱呢？

這與當時日本的國家觀與世界觀有著密切的關係。十七世紀初，江戶幕府成立後，限制外國人進入日本。但日本與鄰邦明帝國與後來的清帝國，還有朝鮮王國、琉球王國仍然保持一定程度交流；同時還容許荷蘭在九州長崎進行貿易，並且以此每年向荷蘭索取世界時事的情報。

不過，這些最新消息全都集中在幕府高層身上，除了少數獲幕府信任的藩和高級貴族外，天皇的朝廷與其他小藩，以至民間，都無權過問。因此，在這有限的情報流通下，長期穩定的日本社會各階層開始思考國家觀，催生出一種普遍的思想，用現代話來說就是「自我感覺良好」的世界觀——覺得日本是最優秀、獨一無二的國家，其他國家都是劣種「蠻夷」，不知文化。熟知國外世變的幕府當然明白真相，但這樣的誤會對幕府繼續統治，並無傷害，因此便沒有加以制止。

直到歐美國家先後帶著船堅砲利出現在日本人眼前，日本各階層仍然相信日本是「世界裡無出其右，系出神武天皇的神國」。身在京都、體內有著王家血脈的孝明天皇與貴族們也如此堅信。上述孝明天皇的擔憂，強調他不想做出有辱國家榮譽的「不孝行徑」，身陷與蠻夷平起平坐的「恥辱」。

我們可以說，天皇真正拒絕的不是通商，否則便不會容許荷蘭人二百多年來一直來日本，大部分攘夷派認為開國即等於讓「神國」日本，與一直以來蔑視為蠻夷的外國締結平等以上的條約，這顛覆了他們的世界觀、國家觀，甚至倫理觀。因此，即使幕府派人向天皇和朝廷說明國外形勢，曉以大義，天皇反而更視開國為威脅。

天皇展開的「反擊」除了向幕府提出抗議，拒絕批准幕府簽約外，還將矛頭指向沒有清楚表明旨意的朝廷貴族，又以退位來威嚇幕府，希望幕府知道他的不安與恐懼。他還試圖將激進的攘夷派貴族和列藩帶進來，增強輿論氣勢，進一步向幕府施壓。

(3) 倒幕攘夷派的反撲

然而，在大老井伊直弼的判斷下，幕府還是與美國締結了《日美修好通商條約》，井伊直弼更親自向天皇說明簽約只是「權謀」，待國家軍備精良，足以對抗外國列強，便會中止與列強交流。直弼的辯解獲得了孝明天皇的諒解。轉眼間，與天皇和朝廷修好的幕府，出手打壓各地的激進攘夷派，而天皇本人則回到與幕府合作的路線上。

不久後的一八六二年，孝明天皇更讓親妹和宮下嫁當時的將軍德川家茂，也同意討伐與幕府敵對的長州藩，表達堅決與幕府共存的決心。當朝幕關係破冰，天皇突然在一八六七年初染病急逝。他死後，曾一度獲他拉攏，後來又被打壓的倒幕攘夷派隨即進行反撲，一年後的一八六八年，江戶幕府在連串政治、軍事失利下，被迫終結二百六十餘年的統治。

5 幕末時代的日本人怎麼看待天皇？

(1) 尊王攘夷思想的誕生

說到幕末與維新，便立即想到「尊王攘夷」的思想。這個思想源自江戶時代中期，是受到朱子學的名分論影響，轉化而成的產物。其中一個重要的源頭是有「德川御三家」之稱，拱衛幕府的重要德川家分支——水戶德川家。他們的第二代藩主德川光圀（也就是著名時代劇「水戶黃門」的史實人物），在十七世紀後期，仿照中國王朝官史的規格，開始編纂第一部大型日本通史《大日本史》。這個龐大的修史工作歷時四代，經過多次暫停，終於在十八世紀末期完成。

《大日本史》深受朱子學的影響，在負責後期修書的儒士藤田幽谷的帶領下，按照政治名分論的立場，在書中特別強調天皇是國家頂端的存在，而幕府將軍則從天皇手上獲得了「大政委任權」，得以駕馭各地諸侯和所有武士。然後以將軍為首的武士階級為中心，其他階層則順從幕府統治、安守本分，日本自然得以太平。

與這種「尊王」思想相輔相成的就是「攘夷」思想，在前一問提到，江戶時代的日本人在重新認識國家與外國關係時，將中國王朝以外的朝鮮王國、琉球王國都視為低日本一等的「藩國」，而當時已來到東亞地區的西歐諸國則和北方的蝦夷（現在的愛奴族）一樣是「蠻夷」。

以理想上的天皇為頂端，外有神明加護的神國日本，絕不可能與藩國、蠻夷同等，更不接受被他們壓迫和威脅。當時的尊王論者更將十六世紀末的禁止基督教的行動，和發生在十七世紀中期，幕府鎮壓由日本基督教徒借反抗藩主苛政為名而引起的「島原・天草之亂」，視為日本堅拒外國干擾的成功例子。以天皇為尊的日本必須以攘夷為已任，保衛國家的神聖。當然，對武士出身的人而言，「尊皇」和「攘夷」的重任必然地落在「征夷大將軍」幕府身上。

在這個思想體系中，天皇成為了體現神國日本的必須成分和核心，構成了「神明→天皇（朝廷）→將軍（幕府）→藩主→武士→百姓」的統治理論。由此可見，「尊王攘夷」思想與「神國」思想是互相呼應的。通過編纂《大日本史》而集結的「水戶學派」人士認為，日本之所以能走出戰亂，享受二百多年的太平盛世，全都歸功於這種君臣關係順應「天命」，井然穩定。他們堅信普天之下，萬國之中，就只有神國日本才能做得到這種「創舉」。

幕府一開始雖然對這種「因為尊王，所以長治」的「尊王論」顯得有些抗拒。但是不久之後，面對社會的矛盾日益深重，幕府高層深明自己不可能永久強勢，加上在十八世紀初，幕府相繼出現繼承人早死的問題，為了保住威信，自然選擇走捷徑，接受、套用了這個理論。到了幕末前夕，幕府自己也積極地高舉「尊王」大旗，使各地諸侯和平民繼續擁護幕府體制。

但這個本來為幕府「正名」的思想，最終在一連串外交失利、內政失誤下，反過來成為了刺向幕府的尖刀和「倒幕」的根本思想來源，葬送了一千年的武士統治歷史。

(2) 百姓如何看待尊王攘夷

「尊王攘夷」是一種由上而下的政治思想，它最終成為了革新日本歷史，推倒武士時代的原動力。然而，它並非一開始便為了反對幕府體制而存在，起碼在十八世紀，由上層社會的幕府、朝廷，再到深受儒家與近世神道影響的中、上級武士階層，大多擁護這種思想，因為各階層都認為，只要幕府帶頭「尊王」和「攘夷」，那麼便無必要也沒有道理去質疑幕府統治的正當性。換言之，最初的「尊王攘夷」思想與幕府統治是互為因果的。值得我們一問的是，平民百姓又是怎麼想的？很多人以為那時候是「全民尊皇」、「全民攘夷」和「全民倒幕」。可是，不盡如此。

的確，隨著江戶時代學術發展，思考日本價值與定位的學術風氣在這二百多年太平盛世裡急速發展，以弘揚國家的真善美與精髓為目標的「國學」也在十七世紀崛起。其中以大儒家平田篤胤為首的「平田派國學」，和上述水戶學派，的確將學說滲透到部分地方豪農和商人階層，形成所謂的「草莽國學」。

不過，這並不代表「草莽國學」的影響力進入到低下階層所有百姓中。

事實上，對於「尊王攘夷」表示反感的百姓也不在少數，例如，第二部第二章6問提到「文久修陵」，即修復傳說中初代的神武天皇陵寢，當時便惹來陵寢所在地的櫃原住民反感，而十分流行的「諷刺版畫」，許多就揶揄了尊皇論者是「狐假虎威」的鷹犬，只會虛張聲勢，勞民傷財，連場動亂破壞了他們的生活。

現代人以為當時是鋪天蓋地的「尊王攘夷倒幕」，這些被輕視的諷刺版畫漸漸被人遺忘，而傳達出低下階層對「尊王攘夷倒幕」的真實態度，也在維新後「被和諧」了。

另一個反映部分幕末普通百姓看這場「尊皇動盪」的例子，出現在戊辰戰爭時的江戶（今天的東京）。當時的江戶民眾眼見薩摩、長州等藩，以年幼的明治天皇之名，領導推倒幕府派系的戰爭，便創作出各式各樣的諷刺版畫，將天皇畫成小孩子，揶揄他只是薩長諸藩的傀儡，毫無判斷力。

與其說江戶民眾不尊皇，不如說這反映了他們眼中的新政府本質，以及他們對於國家文化中心被一直製造事端的薩長諸藩占領，表達出明顯的不滿與忿恨。

以上例子說明，在一般民眾心裡，幕末時代的天皇仍是虛無縹緲的幻影。民眾通過各種書籍，知道天皇位於國家的頂端，然而對於身在權力鬥爭以外的他們而言，「尊皇」與「攘夷」是遙不可及的，與他們的生活關係不大，天皇是誰？應該怎樣看待他（祂）？只是概念上的問題而已。

這反映了在後世被浪漫化的幕末，其背後存在更現實尖銳的民眾視線，也成為明治維新後，明治政府努力想提高天皇威信的根本原因。

6 明治天皇如何迎接明治維新？

(1) 突如其來的革命

一八六六年十二月二十五日，孝明天皇急病駕崩，才十四歲的皇太子睦仁便接任為明治天皇。隨著親幕府的孝明病死，倒幕與護幕的形勢完全逆轉，以明治天皇祖父中山忠能為首的倒幕派，開始與西國雄藩聯手倒幕奪權。

由翌年的王政復古開始，經過一八六八年的鳥羽伏見戰爭以及會津戰爭，接連而至的大事件對年紀尚幼的明治天皇來說，可謂毫無相干，他仍然是符合大眾想像的傀儡君主。等候擁立他的倒幕派代他打倒幕府，確立真正的「王政復古」，迎接天皇「萬機親裁」的一天。

從現今的角度看來，明治維新是日本走向現代化的代名詞，對於當時一心推動改革的維新政府來說，要走向現代化便要先富國強兵，向西方列強學習，擺脫老舊的封建社會體制。因此，打倒不利於進步的幕府體制，將象徵權威的天皇牢牢握在手裡，是理所當然的事。不過，維新政府接下來發現，打倒他們眼中視為「保守」的幕府後，還有比幕府更棘手的問題——如何為以天皇為中心的朝廷去舊立新。

倒幕派等待著明治天皇轉身成為破除封建、帶領日本「富國強兵」的新君王，意味著這位從未接觸西方事物，甚至未曾踏出京都禁宮半步、在日本人民心中最神聖的青年天皇，得進行巨大的改造。在維新派的心中，可以說從一開始就有「天皇現代化」的計畫了。

然而，對於天皇身後大部分的朝廷倒幕派來說，實現倒幕是為了尊王和攘夷，而不是要「迎夷」及西化，更不可能接受朝廷及天皇也一併西化。在這個矛盾之中，我們無法得知明治天皇當時的反應，但他身邊的女官及攘夷派貴族，儼然成為了維新的攔路虎。

為了杜絕攘夷派的干擾，由強硬的西鄉隆盛帶頭，以大久保利通和木戶孝允為輔，天皇身邊的人事出現了重大變動，頑拒交出天皇控制權的長橋局、大典侍等女官被免職，只剩下部分攘夷派的青年貴族做為侍徒留守。雖然保守派力量被大幅削弱，但排除他們還需要一段時間。

(2) 青年天皇的創舉與自覺

在排除守舊派人事後，維新政府的高層們為了使明治天皇成為日本唯一「萬機總攬」的君王，還讓他走出深幽的禁宮。一八六八年初，他首次以政治上「一國之君」的身分接見了法國、荷蘭的外交使節，是律令時代接見中國大唐帝國名僧鑑真之後，天皇接見外國人的首例。

另外，同年三月中，維新政府又成功促成明治天皇走出「京都」這個巨大封閉的空間，巡視大阪，並檢閱大阪灣的海軍。這是明治天皇第一次見到大海，他也是數百年來第一位親眼看到大海的天皇，對維新政府或天皇來說，極具象徵意義。除了以上的創舉外，明治天皇「受惠」於維新，還做了很多歷代祖宗沒有做過的事，例如以他重開的「天長節」（天皇誕生日），被法定為全國的假期，以彰示「皇恩君威」的政治目的，強化維新政府的權威。後來，他第一次穿上西裝軍服，以和洋混合的方式宴請百官和外國使節，成為「天皇大元帥」。

這些維新派的安排，講白了便是一場場精心策劃的「政治秀」。而君威的建立，是到了明治天皇成年後，扶持他為君的木戶孝允、岩倉具視、大久保利通等人相繼死去，才慢慢形成。

事實上，即位時的明治天皇與「黃毛小子」沒有什麼分別，他還是皇子時，常對侍候他的侍從頤指氣使，稍有不如意便恣意打罵，而且會接連生氣幾天，即使在父皇孝明急病駕崩，倉卒繼位後，粗暴的性情也沒有立即轉變。更麻煩的是，他從小酷愛喝酒，不時出現爛醉如泥的情況。他也十分喜歡騎馬，表現出嗜武的一面。

大概是因為明治天皇年少以來多舛的成長路途，沒有給他穩定的成長空間，才會使他形成這種複雜的個性，但若長久發展下去，人們無法期待他具備「新日本國」帶領者應有的君威及德性。

為此，木戶孝允、侍從長東久世道禧、後來的侍讀長元田永孚等，都苦心勸說、教育明治天皇，努力的成果卻諷刺地因為十年後爆發的西南戰爭，使他陷入前所未有的精神壓力，後來更大病一場。

(3) 真實的「明治大帝」像

險些動搖明治維新成果的西南戰爭結束時，明治天皇大病初癒，從那時開始，熬過「試煉」的他的確與病前的「掛名」天皇有所不同，開始對政事有興趣，投注心力。雖然受限於維新政府，但或許是受到新政府空前的政治危機打擊，他開始意識到自己與維新政府唇亡齒寒的關係，加上十年以來侍讀們的君德教育，終於讓他開始有了眾人期待的君主風範。令後代敬仰的「大帝」像，才開始出現雛型。

從明治天皇繼位前的成長之路來看，他一直沒有準備好要成為帶領日本新生的君王，他之所以成為新政府的象徵，最初可能只是一連串機緣巧合，各種新創舉看來都是被安排好的，或許可以說，他從未想到自己會為天皇家歷史寫上各種新的篇章，但從結果來看，他是站在歷史轉捩點上的關鍵人物。

一百五十年過去後的今日，重看這段歷史時，少一點神話及美化、多一點客觀及理性，對明治天皇與他的國家革命才會有新的角度。由任人擺布到彰顯才略，明治天皇的政治路、君主命運其實幾經艱辛，既苦澀，也迂迴曲折。

7 病弱的大正天皇任內，曾發生哪兩件宮闈事件？

(1) 天生不完美的天皇——大正天皇

說到近代天皇，應該會立即想起明治天皇和昭和天皇。因為在近代一百五十年裡，兩人對日本和周邊地區的歷史都帶來深遠的影響。而夾在他們之間的大正天皇又怎麼樣呢？

除了他的年號「大正」，以及他在位時，日本正處於社會轉向的重要時期「大正民主時代」外，日本國民以至外國人，對他的了解可謂少之又少。

究其原因，最大而又唯一的理由便是大正天皇不具備擔當一國之君的能力。他成為天皇是諸多無奈和困窘之下的結果。

他在位的十四年間，只是一個與擺設無異的君主？當時的日本政府又如何克服這個困難？接下來先簡單介紹大正天皇。

大正天皇名叫嘉仁，一八七九年出生於東京的青山御所（今天的東京都涉谷區）。生母是明治天皇的典侍（妾侍）柳原愛子。順帶一提，在明治天皇晚年以前，日本政府一度承認柳原愛子為大正天皇的生母，更公告全國。可是，到了後來，基於社會提倡一夫一妻制，政府為了維護天皇形象，在沒有明確的新說明下，於官方報導上，將大正天皇改為明治天皇皇后一條美香（昭憲皇后）的兒子，其生母柳原愛子則「被消失」，終其一生都沒有獲得皇太后的尊稱。

大正天皇是明治天皇的三兒子，出生後因為腦部出現病患（後來被推斷為腦膜炎），一直體弱多病，而且這問題更終生困擾著這位天皇。其實以眾皇子的長幼排名和體能缺憾來看，大正天皇絕對不是繼承明治天皇偉大帝業的良好人選，然而，由於他的其他皇兄弟先後夭折，加上他出生十年後的一八八九年，日本政府定立了《帝國憲法》和《皇室典範》，後者明文否定女天皇的可能。在沒有更好人選，以及不可立皇女為太子的原則下，明治天皇和日本政府最終只好於《帝國憲法》和《皇室典範》定立的同一年，冊立病弱的大正天皇為皇太子。

即使大正天皇成為了皇太子，他還是在與病魔戰鬥，難以執行國政，這一定程度上加快當時日本民主政制的步伐，和國會政黨政治的成熟。

看回天皇本身，自皇太子時代至一九二六年病逝為止，天皇絕大部分的時間都處於休養期，即使是近代天皇必須躬親執行的祭祀，大正天皇也有執行上的困難。因此，後來的原敬內閣和元老山縣友朋、松方正義等人，迫切希望大正天皇與貞明皇后能生出健康的皇子，早日進行交接。不過，這使得當時天皇、皇后與內閣曾出現兩次不愉快。

(2)「宮中某重大事件」與皇太子攝政問題

雖然大正天皇體弱多病是人所共知的事實，但這並不代表他一直臥病在床，任由內閣擺布，幸好後來也與皇后成功生下四名健康的皇子，掃除了政治危機。

長子裕仁（後來的昭和天皇）十六歲時（一九一六年），便被冊封為皇太子，不久後第一次世界大戰接近尾聲，全球性經濟不景氣波及到日本，在一連串的社會運動和勞工問題下，首相原敬等內閣高層決定加速推動皇太子裕仁接掌國政，穩定人心。

為此，政府安排了皇太子裕仁成婚，又讓他在一九二一年訪問英國，向國內外展示日本未來天皇是充滿活力和見識的新希望。可是，這兩個具有先見之明的安排卻激起了兩次矛盾。

首先是後來被稱為「宮中某重大事件」的皇太子婚姻問題。裕仁與舊王族出身的久邇宮良子（後來的香淳皇后）在一九一九年六月訂婚，但由於良子患有色盲病患，又與舊薩摩藩主島津家有血緣關係，使得屬於舊長州藩的政府官僚感到不爽，而且良子的色盲也引起皇族與大臣不安，擔心天皇的子孫會受到影響，於是一度反對婚事。

然而，不久之後，對婚事態度消極但不主動干預的首相原敬於東京遇刺身亡，另一個傾向反對的元老山縣友朋也在翌年初病死，反對聲音隨即變弱。最終，裕仁與良子在一九二四年順利成婚。然而，這事件依舊引起了天皇、皇后與太子、太子妃之間的不和，在當時更傳出天皇與皇后遲遲不與兒媳良子見面的傳言。

「宮中某重大事件」擾攘的同時，政府繼續推動皇太子裕仁逐步攝理國政，更向大正天皇提議啟動《舊．皇室典範》第十九條，以天皇長久不能處理國政為由，另立太子為攝政，代天皇處理國務。

其實關於設置攝政問題，早在明治天皇時代，伊藤博文與井上毅已經討論過，最終決定堅持天皇終身制，不另立攝政（參考第四章6問）。雖然大正天皇的情況有異，但這個決定卻讓他感到不滿，更透過皇后向內閣表達拒絕設立攝政的意思。

可是，到了一九二一年，大正天皇的身體狀況惡化，前述的社會問題也日漸激化，日本政府亟需皇太子來穩定人心。於是，在天皇無奈同意下，政府在當年底對外以「天皇患上不治之病」為由，宣布太子攝理國政。政府為了消除外界的疑慮，更通過宮內省公開歷年天皇的病歷，首次對外承認天皇長期病弱的事實。

步入晚年，大正天皇已經病重到難以自由活動，一九二二年，當時的英國愛德華皇太子（後來的英國國王愛德華八世）訪日，天皇也無法出席官方活動，就連貞明皇后也因為照顧天皇而勞累病倒。

一九二六年十二月二十五日，長久患病的大正天皇在神奈川縣葉山別邸病逝。一九二七年初葬於東京都多摩陵，成為第一個葬於東京的天皇。

第四章

概說天皇的歷史

（現代篇）

1 昭和天皇結束戰爭與「國體護持」有什麼關係？

(1)「國體護持」的責任

日本自一九三〇年代晚期開始，積極對中國以及東亞地區展開侵略，更與納粹德國和義大利組成軸心國，與美、中、英、蘇四國為首的同盟國展開第二次世界大戰，在東亞戰場與美、中兩國交戰。

關於昭和天皇的戰爭罪責問題，到了二十一世紀的今天，依然是日本與中、朝、韓、美等國爭吵不休的話題。爭論昭和天皇處理戰爭的問題，其中有一個關鍵是「國體護持」，這讓我們得以了解天皇的戰爭觀和「終戰」原則。

所謂「國體」，簡單來說就是由「天皇統治日本的體制」、「天皇是日本國構成的核心」，以及「天皇的命運等於日本的命運」三個概念所組成的思想。換言之，天皇最大的擔憂和關心點，就是確保明治維新以來的天皇制能夠不衰，即所謂的「國體護持」。

但絕大部分歷史學家都認為，昭和天皇不算一個右翼極端思想的人，他也一直批評軍中態度過激的「皇道思想」者，與他們保持距離。然而做為一國之君，天皇在開戰後除了戰局之外，最關心的事便是——萬一戰敗，如何阻止禍及天皇和皇族，導致天皇制無法存續。

例如，戰時（一九四一年）便拒絕讓皇族擔任首相，以免皇族最終被追究開戰責任，禍連整體皇族。另外，到了一九四五年八月十二日，昭和天皇決定向盟軍投降，立即召開皇族會議，向各皇族陳述投降的主張和理由。當時，主張抗戰的朝香宮鳩彥王追問昭和天皇，一旦無法維持天皇統治體制，即「國體護持」失敗時，天皇是否會抗戰到底。昭和天皇爽快地以「當然」來回應。

說到底，昭和天皇為了確保「國體護持」，不惜大幅讓步。因為他相信只有「國體護持」成功，日本才會繼續存在。同時，「國體護持」的背後也反映了天皇的神權政治觀和使命觀。

最佳的例子是在一九四五年五月，美軍已經快要攻陷沖繩，日本當局已經想到，如果不盡早找到阻止美軍進行本土作戰的方法，日本國土將會被入侵。昭和天皇向侍從透露，自己很擔憂美軍一旦在伊勢灣附近（現在的三重縣）登陸，祭祀天皇祖宗的熱田神宮和伊勢神宮，將會瞬間被美軍占領和破壞；放在那裡象徵王權正統的「三種神器」（請看第二部第一章2問）來不及轉移，將難以做到「國體護持」。

由此可見，天皇口中常常提到的「國體護持」與天皇自己的存在和權位，皆來自於「皇祖皇宗」傳承下來的傳統和衣缽。簡單來說，這是「君權神授」、「神權政治」揉合而成的思想。

因此，天皇不論是想開戰還是停戰，始終最關切如何在最壞的情況下仍確保「國體護持」，否則就會覺得對不起「皇祖皇宗」，有愧重託。而國民生命與國土安全在這個大前提之下，都只是次要問題。

(2) 硫磺島敗戰、美軍進攻沖繩諸島

一九四五年，日本軍在中國各地的戰場遭受反擊，加上美軍的跳島戰略奏效，日本已然深陷戰敗危機，「國體護持」已到了崖邊峰口。當時已辭去首相之職的近衛文麿等主和派的官僚，開始加快向盟軍講和的步伐，另一方面則計劃戰敗後昭和天皇的安置問題。

同年一月二十五日，近衛文麿與米內光政、岡田啟介等人在京都商議讓天皇削髮出家和退位，改由皇弟高松宮攝政，以示引責，換取盟軍同意講和。大致達成共識之後，近衛文磨便代表主和派向昭和天皇上奏，說明「敗戰必至」，為避免國內爆發共產革命，摧毀國家制度，提議更積極地向盟軍提出和平交涉。可是，心中執著於「國體護持」的昭和天皇認為必須先求得一次勝利的戰役，打造有利形勢後才能順利交涉，沒有答應近衛文磨的要求。

可是到了三月，美軍攻陷硫磺島，並奪取呂宋島的控制權，眼看進攻日本本土已是迫切危機。四月，美軍出乎日軍的想像，繞過日軍想定的決戰地台灣，直接進攻更靠近日本的沖繩諸島。

連番打擊終於促使天皇開始積極考慮與美國和蘇聯交涉。於是，近衛文磨的講和方案提出，只要盟軍願意維持天皇統治體制的「國體」以及「固有國土」（殖民地以外的固有土地）的完整，日本政府和天皇願意考慮在法制、教育改革等方面妥協。

(3)《波茨坦宣言》

到了五月初，納粹德國的希特勒和義大利的墨索里尼先後死去，加上沖繩防衛戰完全失敗，昭和天皇由堅拒解除武裝和處罰責任者，開始轉為「不得已」而從之，態度軟化。

同年七月十七日，美、中、英、蘇四國首腦向世界發出著名的《波茨坦宣言》，要求日本無條件投降，處分國內軍國主義分子，並且放棄所有殖民地和戰爭期間的占領區，再接受盟軍的國土占領和戰犯審判等。

日本當局原本打算無視《波茨坦宣言》，但當美軍向廣島、長崎各投下一顆原子彈，蘇軍則入侵中國東北的日軍占領區，重大挫敗使日本政府轉趨妥協。但對於是否接受盟軍的所有條件，天皇與日本政府高層的意見嚴重分歧。

八月十日的御前會議，天皇決定接受《波茨坦宣言》，即部分日本保守派強調的「停戰聖斷」。美國代表盟軍要求天皇和日本政府在投降後，接受盟軍最高司令部的指令，並且遵照《波茨坦宣言》的精神，讓日本的國民能夠自由地決定戰後日本的政治形態。

美國的回應使日本政府內部出現「慎重論派」，他們質疑美國的用心以及擔心美國最終還是會消滅天皇制，送天皇接受制裁，有陸軍將士堅持要進行本土作戰，甚至有軍內人士認為是近衛文麿為首的主和派假傳聖旨。

不過，由於美國沒有強硬否定天皇制的意思，於是在八月十四日，為免美國再轉強硬，天皇決定接受美國的要求。因此有部分歷史學家認為，當時天皇轉為配合主和派積極推動投降，並非有意想承擔罪責，實際上是希望在美國沒有改變初衷前，確保「國體護持」成功，能由天皇繼續統治國家。

(4) 戰敗後，力保天皇統治體制的過程

八月十五日，天皇發表著名的「玉音放送」，向國民宣布終止戰爭的決定，並在這九分鐘的講話裡強調這是「為了避免國民再受生靈塗炭之苦」，是基於仁心和不憫而無奈為之。這與日本政府向盟軍表示無條件投降的立場和態度大為不同，變成是日本主動決定停止戰爭，而這種「終戰」方式也與近衛文麿構思以天皇退位來請罪，有所出入。

另外，天皇在八月下達《終戰詔書》（史稱《終戰之聖斷》），內容與用詞也引發盟國不滿，關於整個停戰工作的進程和如何保住天皇統治體制，天皇與政府高官持續出現了分歧意見。

進入九月，為了準備向國民解釋美軍即將進行占領，新擔任首相的東久邇稔彥，到各地向國民公開了與盟軍戰力的差距和實際敗績，引發不少民眾譁然和批評。天皇「玉音放送」的悲慟，最終保住了他在不少國民心中的形

象，但大眾對政府內閣的憤懣卻有增無減。

隨著戰爭細節慢慢公開，對內閣和軍部的不滿也波及天皇，尤其是引致美國大舉反擊的珍珠港事件，天皇事前是否知情？為什麼會批准這「無謀」又「無益」的作戰？種種問題成為九月以後國內外媒體的焦點。

儘管出現負面反應，但是既然「國體護持」基本成功，下一步便是如何在戰敗後，盡快保住天皇制。最終，占領軍總司令麥克．阿瑟以「沒有找到積極證據」證明天皇主動參與戰爭為由，向盟軍和美國政府建議不追究天皇的戰爭責任。

在側近多番協調下，力求「國體護持」，而且以此為最後底線的昭和天皇決定主動會見麥克．阿瑟，向盟軍展現願意全面配合審判和美軍占領工作的態度。最後一步棋是將戰爭責任推向以東條英機為首的戰時內閣成員，而一直力主天皇退位引責的近衛文麿也遭到追責，最終被迫自殺身亡。

2 日本人如何看待昭和天皇的戰爭責任？

(1)「不幸的戰爭」與「不幸的過去」

「阻止戰爭無果，其遺憾與無奈，雖已七十有年，至今依然不變。」（戦をとどめえざりし　くちをしさ　ななそぢになる　今もなほおもふ）

這是一九七一年昭和天皇參拜伊勢神宮時吟誦的和歌，當時他已經年過七十。不少人認為，這首和歌充分反映了他對第二次世界大戰的態度。四年後的一九七五年十月，他到美國進行國事訪問，並在白宮與當時的美國總統雷根會面。他在會後的公開講話，再次提到第二次世界大戰，天皇說那是「一場讓我深感悲痛、不幸的戰爭」。

同年十一月一日晚上，時任韓國總統的全斗煥訪問日本，並到皇宮參加昭和天皇主持的國宴。天皇致詞時表示：「本世紀裡的其中一個時期，（日韓）兩國之間存在不幸的過去，我實在感到十分遺憾。」

這個「不幸的過去」當然是指日本對朝鮮半島進行半個世紀以上的殖民統治，又命令朝鮮半島人民為日本參加二戰。

昭和天皇幾次在不同場合的發言都讓人覺得，雖然他在戰敗後獲得盟軍放棄追訴戰爭責任，但他不時透露對此事仍然耿耿於懷。然而，不論他個人對戰爭有著怎樣的態度和思想，戰後免責的結果一直在日本國內外受到質疑和抨擊。

例如在東京審判中，其中一個被判有罪的戰爭罪犯，昭和天皇的左右手木戶幸一便認為昭和天皇也必須承擔責任。而日本國內的共產主義者也希望藉由追討昭和天皇罪責，實現在日本成立共和國，推翻天皇制的目標。國外方面，昭和天皇在一九七一年秋天訪問歐洲七國時，分別在英國和荷蘭遭遇當地人士示威，要求他對戰爭罪負責，也向受害者公開道歉。

雖然如此，昭和天皇也不是完全孤立無援的。日本國內的保守派和免受追責的右翼分子則繼續擁護，堅持「天皇無罪論」，回擊「有罪派」和共產主義者的責難。究竟兩方的理論分別為何？

(2) 天皇無罪論與天皇有罪論

簡單而言，二戰後至今，強調昭和天皇無須負責的論點，主要有兩大根據。第一是認為一八八九年的《大日本帝國憲法》（以下略稱為《帝國憲法》）第三條提到：「天皇乃神聖不可侵。」規定天皇只是「統之不治」的國家元首，而第五十五條則明訂：「國務各大臣負責輔弼天皇，法律敕令以及其他國務相關的詔敕，均需國務各大臣副署。」天皇本來便沒有單獨行使統治權的可能，國家實權其實在內閣以及隨之成立的國會手上。因此，他們認為戰時的首相東條英機等人，被遠東法廷列為甲級戰犯是合理的，但累及昭和天皇則不合理。

第二是認為在現存的紀錄上，難以確認昭和天皇自開戰之前便積極、主動參與指揮戰爭，或者指揮任何軍事行動。至於下令向中國和美國宣戰的開戰詔書也只不過是例行公事，而不是出自他本人的意志。這種意見又認為當時的軍部早已尾大不掉，不受天皇控制，難以反過來將責任推向無可奈何的天皇。

這兩個論點都強調戰前的明治、大正和昭和三代天皇，與維新前的天皇們一樣，都只是受到國家供奉和擁戴的存在，而且認定天皇在《帝國憲法》

成立後，便與英、荷等西歐的立憲君主一樣，只有象徵性而沒有實權和責任。

「無罪派」還強調立憲後的天皇已明文受到《帝國憲法》的制約，不存在天皇專制獨裁、一意孤行發動戰爭的可能性。因此，日本投入戰爭和日軍犯下的戰爭罪行都不應牽連到昭和天皇。

面對「無罪派」的辯護和觀點，「有罪派」則提出了「無罪派」刻意避而不談的《帝國憲法》第十一條，即關於天皇統帥權的規定，該條明訂天皇對軍隊擁有絕對和完全的權限，是日本國家軍隊的「大元帥陛下」。只有天皇可以行使統帥權，命令軍隊，而海軍的軍令部和陸軍的參謀本部首長屬於天皇的幕僚，海陸兩軍的軍事指令都要「大元帥陛下」批准才可通達。

而且，整理戰時文件也顯示，「無罪派」所謂沒有證據證明天皇干預戰爭部署之說是不實之詞，事實上當時每日海陸兩軍的戰報都會上呈給昭和天皇，換言之，他對戰事的進展十分清楚。而從目前紀錄而言，他至少有十多次下令更改軍方的作戰方案，又曾主動向軍方提出戰略方針，要求執行。這些研究成果均否定了「無罪派」堅稱昭和天皇在戰時被傍置的主張。

另外，國內外的「有罪派」均質疑，如果按「無罪派」所說，昭和天皇在戰時沒有辦法阻止軍部的軍事行動，為何他卻在美國向廣島、長崎投下原子彈後，又單獨地下達《終戰詔書》，指令各地日軍放棄戰鬥呢？

面對「有罪派」的反擊，「無罪派」分別做出兩種回應，其一仍然認為昭和天皇的統帥權問題是特殊情況，不能證明他主動參與戰爭行動；另一則主張日本參戰不是為了侵略，而是一場自衛戰爭和對抗西方帝國主義的解放戰爭，規避了昭和天皇的戰爭責任問題。

(3) 由「戰爭責任」到「敗戰責任」

即使歷史學和憲法學的主流見解均認為昭和天皇責無旁貸，但是，由於美國急欲避免共產主義在日本抬頭，以及日本政府與天皇展現出積極配合美國占領日本的態度。結果，使得昭和天皇擺脫戰爭責任，改為由陸軍為主的戰時官員來承擔罪責（詳細請看下一問）。

雖然戰後追究昭和天皇罪責的呼聲未曾停止過，但是，在天皇的「清白」塵埃落定後的四〇年代末至五〇年代初期，著手戰後重建的日本政府（東久邇稔彥內閣、幣原喜次郎內閣、吉田茂第一次內閣、片山哲內閣、蘆田均內閣和吉田茂第二～第五次內閣），為了向國民提供一個既合乎政治需要，又能自圓其說的二戰總結，於是在美國政府默許下，對日本的「戰爭責任」進行分割。東條英機、近衛文麿等甲級戰犯為首的戰時政府和軍方，矇騙天皇和國民，誤啟戰端，為國土、國民帶來破壞性的災難和傷亡。這些人最終承擔了發動戰爭的責任，或遭處決或自殺，或判處終身監禁。

而「清白」、「被矇騙」的昭和天皇與戰後日本政府，則承擔起「敗戰責任」，彌補所造成的破壞，全力為復興而努力。由此可見，日本政府成功地掩飾了昭和天皇實際上和政府、軍方主動帶領國家發動戰爭的「戰爭責任」，又塑造出昭和天皇帶領國家復興的「象徵天皇制」的形象。

日本政府在一九五〇年代開始，逐步淡化了昭和天皇的戰爭責任問題，奏請天皇避免談及二戰，也指示負責天皇事務的宮內廳禁止媒體追問相關問題。至今，昭和天皇的戰爭責任已然被矮化為一個日本學術界的討論課題，而日本民間與媒體也避而不談。隨著時間推移和社會發展，此爭論在日本國內或許將繼續淡化，沉溺在歷史長河之中。

3 「象徵天皇制」的爭議與矛盾是什麼？

(1) 新天皇制成立的背後

一九四五年八月，日本對外宣布向盟軍無條件投降，對內則通過〈終戰詔書〉，以天皇「聖斷」的名義，下令本土以至海外占領區的日本軍民放棄戰鬥。

昭和天皇與日本政府在桌面下與美國繼續進行談判，確保天皇制存續，為此願意配合美國占領政策和法制改造，換取美國與遠東國際法廷不起訴昭和天皇，變相免除了天皇的戰爭罪責。美國當局參考了遠東盟軍最高司令麥克亞瑟的意見，想盡快安穩占領日本，防範蘇聯為首的共產國際勢力滲透到日本，決定有條件地接受保存天皇制的選項。

談妥這場將日本國民與其他同盟國意願放一邊的政治外交交易，日本便著手廢除舊有的《帝國憲法》與《皇室典範》，打算在最短時間內改造天皇與日本政治體制，向國際社會釋出最大限度的善意。

與此同時，東條英機為首的七名甲級戰犯，和其他乙丙級戰犯，等待遠東國際戰爭法廷判刑，而日本政府要員則與國內的憲法專家成立憲法問題調查委員會，就成立新的民主憲法事宜繼續與美國政府磋商。

然而，在一九四五年十月制定的新憲法草案裡，日方委員會對改革天皇制呈現出明顯的消極態度。在第一次草案中，只提議強化國家議會權力和國民的自由權利，以制衡天皇的「大權」。但是，一直為人詬病的「天皇總攬統治權」卻維持不變。

美國政府沒有正面回應第一次草案，在一九四六年初，直接向麥克亞瑟傳達了改組日本政治體制的具體意見，表明新憲法應該基於日本國民的自由意志（類似現代的「民族自決」原則）和民主主義的政治制度，決定天皇制何去何從。至於在新的天皇制裡如何體現「民主政體」，美國政府提出了四項原則，並在後來成為《新．皇室典範》的核心精神：

①天皇所有決定都要在內閣制決議後，才能執行。
②褫奪並永久否定天皇的軍事權限。
③由首相統轄的內閣負責輔助天皇，防止天皇胡為。
④所有皇室收入都歸國庫所有，天皇與皇室的各種支出由國庫支付。

麥克亞瑟基於以上四大原則，進一步向日本的戰後政府提出了新憲法草案的三個必須條件（史稱「麥克亞瑟三原則」）：

①天皇的地位為國家元首，其皇位為世襲制，天皇的職務與權限皆基於憲法以及國民的總體意志來行使，天皇不被賦與任何政治權力。

②廢除天皇發動戰爭的權限，同時日本也宣言放棄一切進行戰爭的權利。

③廢除日本的封建制度，天皇親族（皇族）以外的貴族權利均只限一代。

從結果而言，美國與麥克亞瑟為代表的遠東盟軍司令部已經堅決地否決日方當初的算盤，強調了主權在民的原則，天皇則成為日本國家與國民統合的象徵（The symbol of the state and of the unity of the people）。

(2)「象徵天皇制」的四大曖昧

以上可見，在美國政府半強制起草的新憲法裡，天皇的地位與角色被急促地確認。可是，這不代表問題就此解決。另外，有四個問題到現在還是備受憲法學者質疑。首先，前文提到所謂「日本國民統合」的象徵定義與關係，美國與日本之間對於兩者的理解與闡釋存在歧異。這個部分完全沒有經過國民討論，便在兩國政府的協議中被制定完成。

也就是說，新憲法制定時是怎樣得出「日本國民統合」的總體意志，又如何認可並從這個意志體現天皇的象徵意涵，這個象徵在憲法上又如何解釋，以上皆無具體說明。這個曖昧含糊的條文內容，欠缺客觀嚴謹的民意基礎，更有違當初美國政府聲言是基於民主主義原則來改造日本政體。結果，保存天皇制的問題，成為制定新憲法的優先考慮事項。

其次，新憲法在沒有任何根據下，以抽象的「日本國民的總體意志」為基礎，外加以民族主義包裝，由美日政府決定了新天皇制繼續採取戰前的世襲制。結果，無論是昭和天皇還是平成天皇，又或者是今年繼位的新天皇德仁，他們在憲法上的合法性、正當性存在混淆不清的部分。

第三，在曖昧不明的「日本國民的總體意志」下，天皇沒有退位的選項，即使是今年平成天皇的退位，也只屬於特別措置，由政府獨斷地立法批准。本書在第四章6問提到，新憲法和新皇室典範否定天皇退位（辭職）的可能性，不僅硬性規定了天皇終身在任制，更彰顯「天皇去留不需經過國民總體意志來決定」的事實。就這個憲法規定而言，日本國民對於世襲制的存廢，從一開始便沒有選擇支持或反對的權利，也難以從憲法條文裡找到可以推倒天皇存在的法理依據，等於說他們不可能通過法律程序去推倒「象徵天皇制」。這與美國政府當初強調的「主權在民」原則相悖。

因此，自新憲法成立後，日本國內外有不少政治人物與憲法學者均猛烈批評憲法中的「終身在任制」，那實際上赤裸裸地侵害了天皇本人的人權和國民主權的絕對性。

所有天皇只能等待死在職位上的一天，無法從中抽身，國民也無從干預。在這樣的設定下，難以宣稱天皇獲得了與平民同等的人權，甚至也難以介定天皇為一個法律上的個人。昭和天皇當日所宣告的「人的宣言」，主張自己與國民平等的聲明，自然淪為一紙空談。

第四，新憲法否定了天皇行使政治權力的可能，但天皇具體該行使哪些國務，同樣沒有明確介定，灰色地帶之大，不難想像。因此，昭和天皇戰後多次巡視全國和訪問國外，均被憲法學者質疑是實質的政治活動，無視憲法精神。

以上種種曖昧與漏洞，暴露時任政權握有肆意解釋天皇在憲法上的地位、角色與功能的權力，換句話說，「象徵天皇制」在理論上存在既不違背新憲法的文字規定，但又能行使無從掣肘的權限，使看似已經被全面解除「武裝」的新天皇制，殘留了不穩定的因素。

4 新、舊《皇室典範》有什麼不同？

(1) 皇族的家法——《皇室典範》

近年，世界各國與日本皆關注天皇家族和他們的生活事，新聞報導經常出現《皇室典範》這四個字。《皇室典範》顧名思義就是規範、定義日本皇室，是上至天皇，下至一般皇族的「家法」，內容包括天皇的定義、皇位繼承順序、皇族的範圍，以及皇室的財政管理等。

不過《皇室典範》存在的歷史其實非常短，因為在明治維新以前，天皇家族和朝廷都沒有意識到要訂立明確的家法，只有天皇教導太子和其帝王學心得一類（如安德天皇撰寫的《禁祕鈔》），天皇、皇室的定義要到明治維新後才明確起來。由於日本於第二次世界大戰戰敗投降，《皇室典範》伴隨著新制定的《日本國憲法》（以下略稱為新憲法），進行了改正，因此《皇室典範》存在兩個版本，明治時代的一般被稱為《舊．皇室典範》，而戰後的則被稱為《皇室典範》，以茲識別。

《舊．皇室典範》訂立的契機，當然與著名的《大日本帝國憲法》（以下簡稱《帝國憲法》）有密切的關係。一八八九年二月十一日，明治政府宣布實行立憲制並公布了《帝國憲法》，且在一年半後的一八九〇年十一月二十九日，正式實行。《皇室典範》做為定義「現御神」天皇與皇族的規定，自然成為《帝國憲法》的核心。

不過要留意，由於《舊．皇室典範》是天皇家的家法，並且明文規定共十二章六十二條的條文，但是完成後，並沒有與《帝國憲法》一樣，向國民公布，當然也不容許國民談議；同時《帝國憲法》與其他立憲後的法令，都需要天皇和各個國務大臣共同簽署，但《舊．皇室典範》一開始並不需要天皇簽字，到了一九〇七年實行《舊．皇室典範》條文增補時，天皇與各大臣才在增補案下筆簽署。但由於也沒有對外公布，所以戰前的《舊．皇室典範》仍然完全屬於天皇專斷、皇室專屬的法規。

《舊．皇室典範》與《帝國憲法》的關係完美反映在《帝國憲法》的第七章第七十四條裡。第七十四條明訂：「（舊）皇室典範的改正無需經過帝國議會（現代國會的前身）的審議。」與此同時，「不可以皇室典範來變更（帝國）憲法的條規。」換言之，《舊．皇室典範》與代表國家最後法律的《帝國憲法》，明顯是兩部不同的法規，位置對等。

(2) 兩個《皇室典範》的不同之處

那麼，《舊．皇室典範》與戰後的《皇室典範》有什麼不同呢？部分細節須按照《日本國憲法》修改涉及「萬世一系」與天皇神話的內容，還有一些與天皇相關的枝節事項，以上留在其他章節再提，這裡先將焦點放在兩部《皇室典範》性質上的差異。

首先，上文提到《舊．皇室典範》與《帝國憲法》是河水不犯井水的，兩者均不能節制、左右對方。相反，戰後改訂的《皇室典範》雖然也同樣不受戰後的新憲法影響，但與《舊．皇室典範》最大的不同，來自於戰後《皇室典範》新訂立的第五章「皇室會議」，由第二十八第至第三十七條，合共十條組成。

「皇室會議」是由皇室、皇族、首相、參眾兩院正副議長、最高裁判所法官，以及執掌皇室事宜的宮內廳長，共十人組成的機構，負責規範、決定皇室的未來和行動。

在戰前的《舊．皇室典範》裡也設立了「皇族會議」，明訂與皇族相關的問題，也有政府高官出席。但是戰前「皇族會議」裡的議長，是天皇或天皇指名的一名皇族人，各列席的大臣沒有資格代理，因此理論上完全是天皇處理自家事，只是名義上必須招請政府高官列席。至於戰後的「皇室會議」，議長必須由當時的首相出任。而天皇受到新憲法訂明「象徵天皇制」（天皇不干政）的規定影響，雖能列席「皇族會議」，但沒有發言權，也不算是會議的議員之一。這意味著戰後的「皇室會議」不再是天皇獨斷的機構，而要尊重民選政府和司法、立法機關的意願。

除了「皇族會議」變成「皇室會議」，天皇的角色出現大轉變外，《舊．皇室典範》與戰後改訂的《皇室典範》，其不同還包括：

①《舊．皇室典範》第六章設立的太傅之職被取消，即天皇和日本政府不再特定教育皇子的人選。皇太子和皇族子弟均進入國家制度下的各級學校。

②《舊．皇室典範》訂明的皇室財產、經費使用（第八、九章），在戰後的《皇室規範》中被取消，不復記載。

③《舊．皇室典範》第十章訂明的皇族訴訟與犯法懲處的規定，受戰後的皇族改革、減員影響，戰後的《皇室典範》取消相關條文，皇族成員犯法將與平民同等處理。

④《舊．皇室典範》裡皇族女子只可嫁於指定身分的家族，如王族與華族（舊藩主子孫），此規定被廢除。戰後的皇族女子可以嫁給平民，但其身分同時被廢除，即與平民無異。

以上幾項改動和皇室會議的改革，對天皇與皇室帶來重大影響。但最重要的是，敗戰後由美國主導的新政府銳意削弱戰前天皇與皇室的影響力，表明新政府將天皇置於政府高層的管理之下，天皇不再是戰前那個高高在上，萬機獨斷的君主。但是，如4問所言，新憲法與《皇室典範》在解釋上仍然存在極多曖昧不明的灰色地帶，天皇的「輪廓」仍可能受到日本政府的肆意解釋，進而歪曲和變質。

5 天皇、皇室與大眾媒體的關係，如何演變？

對於普羅大眾而言，政治人物的花邊新聞比起僵硬乏味的政治動向，更能吸引我們的注意。在仍然存在皇室的國家裡，情況也一樣，像英國皇室被傳媒「狗仔隊」貼身報導，便是一例，日本的皇室又如何呢？

目前，日本國內及國外傳媒已獲得較多報導皇室的機會，近年出現一些不利皇室的消息和事件時，大眾也能自由地查閱媒體報導。國民與媒體均不會受到來自政府當局的政治審判和檢查。但以前的情況並非如此。

(1) 官方如何利用皇室報導

從日本傳媒業歷史來說，著名的明治維新既是改變日本命運的歷史事件，也是官方與民間辦報的重要契機。同時，西方思潮如社會主義、民主主義等隨著日本開國而到來，民間紛紛在各種思想的薰陶下，積極利用各種渠道發出自己的聲音。那時還沒有電視機，收音機也尚未普及，報紙就是當時最有力的平台。

明治天皇晚年的立憲運動，以及大正天皇時代的民主運動，都通過民間團體辦報，向官方施加壓力。然而，關乎天皇與皇族的報導則不存在容忍的空間。官方靠著「天皇乃神聖不可侵」的「全民共識」，將限制國民批評國政一事，抬升到更高的層面。

這也就是說，明治及大正政府利用限制有關天皇的報導，維持政府的威嚴，同時利用天皇這個萬民愛戴的金身，反過來通過媒體進行國民教育。在戰爭頻發的二十世紀上半期，官方利用公權力壓迫和控制媒體，使媒體大多成為政府的鷹犬和宣傳工具，向人民灌輸盲目的國家主義和忠君思想。例如，明治天皇於一九一二年七月三十日過世，當時傳媒帶著半分愛國心、半分煽情，以製造聲勢的意圖，鼓動東京民眾到皇宮外的二重橋外跪地祈禱。

相較健康長壽明治天皇，接任的大正天皇是出名的藥罐子，到了一九二六年十二月二十五日，大正天皇病危時，《東京日日新聞》等報章則改以「美談」、「壯烈」為名，報導少年少女聽聞天皇病危而哀痛自殘的新聞，變相宣揚忠君愛國的思想。

(2) 媒體「自肅」與自我審查

到了戰前的昭和時代，戰爭新聞煽情與誇張的手法，自不待言。關於不利戰況以及天皇動向的新聞，通通受宮內省（現在宮內廳的前身）和軍部嚴格管制，一旦發現不妥言論，輕則禁止發放，重則以「不敬罪」處罰當事人。

當時的報紙和電台媒體為免以身試法，都會自主地以「自肅」為名，不報導一些危險敏感的新聞，用現在的話來說便是「自我審查」了。另外，在「天皇與皇族皆神聖不可侵犯」的原則下，也不能主動採訪他們。

(3) 戰後的皇室報導

隨著二戰戰敗，在美國的強大壓力下，日本政府完全否定了自己過於激烈的忠君愛國思想，用來箝制媒體的不敬罪也被廢除。在新憲法賦與的言論思想自由和新聞自由的保障下，媒體對皇室、天皇的報導限制也陸續放寬。

尤其在美國占領期間，為了對國內外展現天皇「人的宣言」已落實執行，日本政府和昭和天皇都與媒體有更多交流，被歷史學家稱為多年來難得的「蜜月期」。話雖如此，昭和天皇招開記者會的次數屈指可數，而且媒體一律不可詢問關於二戰罪責、政治和時評等話題，日本政府會事前介入和協調。

平成天皇對媒體採取更開放的態度，他與主要皇室成員有更多的機會露面，或招開記者招待會。不過，天皇與皇室言論仍受到宮內廳的管理，大部分發言都以「建議」為名而受到限制。

踏入千禧年代，媒體對於皇室的主要報導仍然停留在轉述發言，以及報導動向。另一方面，皇室與宮內廳出現越來越多問題，平成天皇、新任天皇德仁與成為皇嗣的秋篠宮文仁親王在這十多年內，皆曾在沒有事前知會下批評宮內廳，或者對宮內廳以及日本政府無視皇室意願，表達不滿，使宮內廳和政府尷尬不已。

而傳媒又如何報導皇室的花邊新聞呢？近十年內，比起英國為首的歐洲皇室，以及仍視皇室神聖至尚的泰國皇室，現時日本皇室報導的自由度和肆意程度算處於兩者之間。

進入二千年後，日本皇室成員的花邊新聞大多與婚姻問題相關，即離婚、訂婚。目前最新的新聞是文仁親王的長女真子公主與未婚夫小室圭的婚事瀕臨破局。傳媒雖有報導，但大多「點到即止」，不像英國媒體對皇室做貼身式報導。

可見，雖然戰前的不敬罪已不再成為威脅，但是日本媒體或多或少出自對皇室和天皇的崇敬心態，在不利於皇室形象的報導上仍然採取明顯的「自我審查」方針，以幫助天皇貫徹「象徵天皇」、「大眾天皇」的形象。昭和天皇時代禁止傳媒詢問歷史、政治和二戰問題的方針，繼續成為媒體不言自明的「潛規則」。

6 平成天皇讓位為什麼引起憲政危機？

(1)「生前讓位」還是「生前退位」？

二〇一六年七月十三日，日本的國營電視台——日本放送協會（ＮＨＫ）和每日新聞援引負責皇室事務的宮內廳消息——平成天皇明仁已向宮內廳表示自己打算提早讓位給皇太子德仁。天皇認為應該讓有能力履行天皇職務的人來擔任，暗示自己年事已高，身心上都已經無法勝任天皇的職位。

消息傳開之後，宮內廳發言人隨即向記者否定上述的報導，更表示天皇將按憲法規定，繼續履行天皇的職責。可是，到了同年八月八日，平成天皇在長約十分鐘的公開講話中，再次表達了讓位的意願，並且公開請求日本國民諒解。事已至此，政府當局顯然不能再否定此一事實。

經過與皇室內部磋商，首相安倍晉三內閣於翌年二〇一七年六月一日向國會提交了《關於天皇退位等皇室典範特例法》，由五條與附例十一條組成，並在同月中旬獲得國會兩院通過，再向外公布。

特例法正式寫明「天皇退位」，但包括天皇本人發言在內，都將這次決定稱為「讓位」。一些右派傳媒也遵循意志，在之後的相關報導裡一律使用「讓位」。兩者究竟有什麼分別？

「**退位**」**是指**——在沒有天皇的主體意識下，使他從皇座下來。

「**讓位**」**是指**——在天皇的主體意識下，自行從皇座下來，並交予指定繼承人。

按照天皇上述的行動，「讓位」的說法當然最為妥當，為什麼日本政府還是要在特例法上寫「退位」呢？這是因為在現行憲法和《新・皇室典範》規定下，天皇沒有「辭職」、「退休」的權利。但平成天皇突然提出，而且罕有地做出強烈要求，安倍內閣最終妥協，急忙設立上述的特例法去追認。

但是，為免再次被天皇殺一個措手不及，在特例法裡強調了特例，即「自此一次，下不為例」的意思。也就是說，法例上是特意用退位來強調法律先於天皇的意志，避免牴觸「憲法最大、天皇受憲法限制」的精神，引起憲法解釋混亂的尷尬情況。

(2) 為什麼不可退位？

前文所謂的「尷尬情況」，是指天皇突然想退位，引致天皇彷彿無視憲法規定的局面。那麼，為什麼憲法規定天皇不可退休，要做到死為止呢？先看看這個規定是怎麼來的。

歷史上天皇生前讓位、退位的例子多不勝數，有天皇自願提出，也有天皇被要求退位。但到了明治維新之後，天皇成為國家唯一、最大而且至為神聖的代表和象徵，明治政府更通過明治天皇，向國內外宣言會擔負起率領國家的重責，實現「萬機親裁」的君權政治，回復「古制」。

宣言歸宣言，沒有人能保證天皇不會突然出事。因此，明治政府確保政權在握之後，開始討論皇室、皇位的規定，也就是後來於一八八九年成立的《帝國憲法》與《舊．皇室規範》。

在這之前的一八八六年，政府轄下的制度調查局提出——萬一天皇身體不妥時，便設置「攝政」來署理國務。但當時的外務大臣井上毅表示反對，認為這等於讓國民知道天皇有恙，無法領導國家，會引起國內不安，也有損天皇權威。

井上毅又強調，在制憲後一旦設置攝政，必然要通過國會表決，變相使天皇無上權威和繼承受到民選議會，以及其背後的國民掣肘。因此，井上毅反而提議立法容許天皇以讓位（不是退位）的方式，將國務職責交給皇位繼承人，以跳過議會，完成權力交接。不過，他的建議旋即被首相伊藤博文否決。伊藤博文憂慮一旦容許天皇可以讓位，難保將來天皇因與政府不和，用讓位做為抗議手段，威脅政府。他也擔心有反政府勢力勾結皇族奪取皇位，再廢掉現有天皇的皇位，引起政治動亂。

最終，伊藤博文的憂慮獲得了內閣幕僚的認同，並且在一八八九年制定的《舊．皇室規範》第十條裡，明訂天皇終身制，不可提前退位、讓位。伊藤這個想法延續到了戰後的新憲法與新《皇室規範》，戰敗後的天皇已成為「國家和國民統合的象徵」，必須終身在任、減少更替，才能體現「統合」、「象徵」的精神，為國民帶來安全感。

然而，日本國內一些開明派人士認為，這個期待等於剝削了天皇的人權，甚至等同宣言天皇的「特別性」，與當年昭和天皇公布「天皇是人」的「人的宣言」相違背。另外，也有人猜測天皇的「退位」是否另有隱情，包括不滿安倍晉三政權的右傾路線，破壞天皇一貫的不戰、反戰原則，於是罕見地主動求去，以示抗議等。

無論如何，平成天皇「退位」一事大局已定，引發的憲政危機也被強行拉回原本路線。然而，今後新天皇德仁能否繼續與安倍政權，以及將來出現的內閣保持和諧？勢必成為日本國內外關注的焦點。

7「萬世一系」的天皇制會走向完結嗎？

(1) 天皇家存續的危機

二〇一九年四月三十日，在位三十一年的平成天皇將會讓位（法律上稱為「退位」），皇太子德仁於翌日五月一日接任，成為第一百二十六代天皇。這個延續天皇制的大事潛藏著一個重大的危機，足以影響自誇「萬世一系」的日本皇室存續。

戰後成立的日本現行憲法（俗稱《和平憲法》）第二條規定天皇是世襲制。同樣在戰後改訂的《新·皇室典範》，第一條也明訂只限擁有天皇血統

（原文稱為「皇統」）的直系男性成員來繼承天皇之位，直接否定了女性成員的繼承權。這個規定背後的理由和理論留待(2)說明，這裡先說明此規範造成的隱憂。

這個規範只有當天皇成功生下男子，又或者天皇有直系弟弟，而這些弟弟（們）又有大量兒子時，才能維持下去。可是現實是新天皇膝下只有一名公主（愛子內親王），沒有男性子嗣。因此，在平成天皇提出讓位想法之前，日本政府與皇室會議已按照上述的原則，內定了德仁天皇的胞弟秋篠宮文仁成為第二順位的繼承人，而秋篠宮文仁的兒子悠仁親王則成為第三順位的繼承人。

按照現時的情況來看，天皇德仁死去後，如弟弟文仁仍在，那麼皇家血脈便自然轉移到次子身上，繼續傳延下去。文仁之子悠仁將成為天皇家的唯一繼承人，沒有其他直系男性親族。

而受到「臣籍降嫁」的制度影響，所有女性成員出嫁後將自動失去皇族成員身分。換言之，如果悠仁親王繼承皇位時，所有女性成員都已出嫁，他身邊將沒有任何皇族親人。萬一悠仁又有什麼三長兩短，而上述原則又不做任何改變，擁有千年以上歷史的日本皇室因為直系血脈斷絕，「萬世一系」的神話將成為絕唱。

這個問題早在悠仁出生前，便已成為日本政府、皇室，以及異常重視天皇存續的保守勢力至為關心的課題。目前來看，德仁與文仁夫妻年事已高，恐難以再生育，所以只能期待悠仁長大後，盡快成婚，然後開枝散葉，確保天皇家族的男子成員人數回升。

然而，沒有人能保證悠仁一定成功長大，以及結婚後一定能生出大量男嗣。於是，便有人提出次善之法，包括恢復承認女性天皇的合法性，又或者讓天皇家族傍系出身，但已不屬皇室成員的男性以養子身分繼承大統。這兩者之中，尤以前者最受到保守派系抨擊，而就傳媒調查顯示，日本國民對前者的抗拒其實沒有保守派那麼強烈。但保守派系為何堅決反對女性天皇再現？為什麼戰後的《新．皇室典範》不承認女性天皇？

(2) 否定女性天皇的背後

《新．皇室典範》不承認女性皇室成員繼承大統的規定，與戰前的《舊．皇室典範》裡的精神如出一轍，反映當時政府與皇室即使戰敗被迫改變天皇體制，仍然希望維持戰前的天皇理念。

這個「非男子不能為王」的理念是如何產生的？在一九四六年底，國會審議《新．皇室典範》內容時，便有議員問及政府與皇室執意否定女性皇室成員成為天皇的原因。當時的日本政府（第一次吉田茂內閣）在答覆質詢時，總括了六大原因。簡單來說，可歸納為以下四大項：

①女性天皇與他家男子成婚而生的子女，天皇家系將轉到他家之手，影響「萬世一系」的皇統純正。

②女性天皇即使結婚生子，也只能解決一代的子孫不足問題，長遠而言還是要有男性子孫繼承大統。

③天皇繼承問題為特殊問題，不受新憲法規定的男女權利平等精神影響。

④在天皇的歷史裡出現的女天皇皆為例外和偶然，不屬於天皇繼承的根本原則。

以上總總，說白了便是不希望天皇血脈外流，因此必須認定歷史上出現過的女天皇皆為例外，不成正統，更強調否定女天皇是符合天皇歷史慣例和傳統的作法。

更明確地說，當時的日本政府以至今日保守派，皆執著於天皇家系只可由直系男性子孫來繼承的「信仰」，背後潛藏著男尊女卑、父系繼承為尊的思想。再加上，現時屬於神道思想產物的皇室祭祀，大多規定由男子來進行，女性成員一律無法參與。因此，保守派拿出「神道＝國家傳統＝習俗」的理論，進一步否定女天皇出現的合理性和正當性。

從本書介紹女天皇的描述，大家不難想像，這些矮化女天皇存在的言論並非一朝一夕而成，江戶時代兩位女天皇（明正天皇與後櫻町天皇）的即位和不能生子的事實，已反映這種傾向。可以說，一九四六年日本政府與現今保守勢力的持論，傳承自江戶時代，但更早的古代女天皇卻是曾真正統治國家的實際君王，不是虛設的元首。至於直系男性子孫來繼承的「萬世一系」傳統，放在南北朝時代（出現王家分裂）來看，輕易地不攻自破。總而言之，種種保守意見充其量只是一種執著，沒有法理、歷史根據。

雖然如此，保守派仍然堅拒女天皇重新出現，一些較為極端的言論更提出——必要時，以現行憲法沒有規定天皇不可多妻多妾，可以復行立妾來確保子嗣。加之，從前的明治天皇和大正天皇都是側室所生，可為近例，無須找尋更早的例子。但從日本正緩慢地提升女性地位和女性權益的國情來看，這類極端言論如何能端上檯面，則是另一個問題了。

(3) 天皇制將走到盡頭？

當然，目前正反雙方對於是否開放公主（愛子、真子、佳子）成為候補的皇位繼承人的問題，處於各自表述、互不承認的狀態，相信這一切在悠仁成婚生子前，不會有重大改動。特別是目前的政府（第二次安倍內閣）所屬的自民黨，屬於保守勢力，在選票與及保守勢力的壓力下，公然接受女天皇的可能性比較小。

假設改革毫無進展，悠仁親王繼承皇位又無法生下男嗣，天皇制「獨子單傳」恐成常態，終有一天會出現沒有男子皇族成員的結局，一旦問題拖到悠仁長大後才去解決，屬於天皇家族近親的傍系舊皇室成員已然疏離，保守派又是否會接受一度失去皇族身分的男子突然成為天皇呢？

因此，目前解決這個問題的理想時機，是趁愛子、真子和佳子皆未出嫁前。又或者政府與皇室直接改變繼承規定，讓她們三人獲得繼承資格。否則，天皇制斷絕的危機會繼續纏繞這個千年家族。

當然，除了存續天皇制度外，另一個解決之道是——在天皇家族後繼無人，甚至在這之前便改行共和制，徹底結束這個行之千年的體制。

不過，目前天皇制在日本國民心目中仍擁有較正面的評價，而且保守勢力仍然控制國內政治，日本想迎來真正稱得上歷史「革命」的共和制，比起讓女天皇復歸繼位，機率更微乎其微。

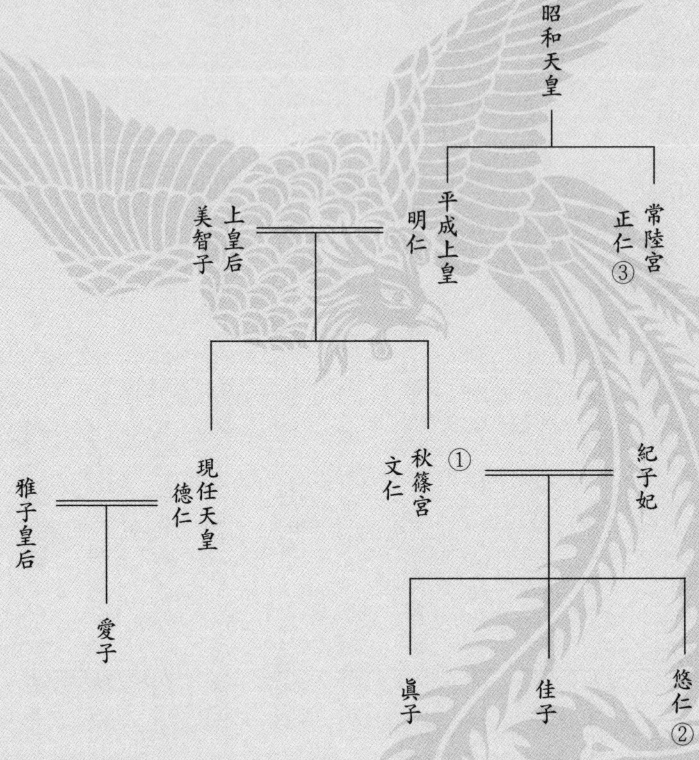

註：數字＝繼位順序

圖4-1 現代皇位繼承順序

歷史與現場 BCV0266

解開天皇祕密的70個問題第一部：——天皇的歷史之謎

作　者—胡煒權
主　編—林菁菁
特約編輯—沈甚
企劃主任—葉蘭芳
封面設計—楊珮琪、林采薇
內文設計—李宜芝
內頁照片—孫君犖

發行人—趙政岷
出版者—時報文化出版企業股份有限公司
10803臺北市和平西路3段240號3樓
發行專線—（02）2306-6842
讀者服務專線—0800-231-705・(02)2304-7103
讀者服務傳真—(02)2304-6858
郵撥—19344724時報文化出版公司
信箱—臺北郵政79~99信箱
時報悅讀網—http://www.readingtimes.com.tw
法律顧問—理律法律事務所 陳長文律師、李念祖律師
印　刷—勁達印刷有限公司
初版一刷—二〇一九年四月十二日
定　價—新臺幣三五〇元
（缺頁或破損的書，請寄回更換）

時報文化出版公司成立於一九七五年，
並於一九九九年股票上櫃公開發行，於二〇〇八年脫離中時集團非屬旺中，
以「尊重智慧與創意的文化事業」為信念。

解開天皇祕密的70個問題 第一部：天皇的歷史之謎 / 胡煒權著. -- 初版. -- 臺北市：時報文化, 2019.04
面；　公分. -- (歷史與現場)

ISBN 978-957-13-7733-9 (平裝)

1.日本史　2.天皇制度

731.1　　108002688

ISBN 978-957-13-7733-9
Printed in Taiwan